5.-6. Schuljahr

Gabriela Rosenwald

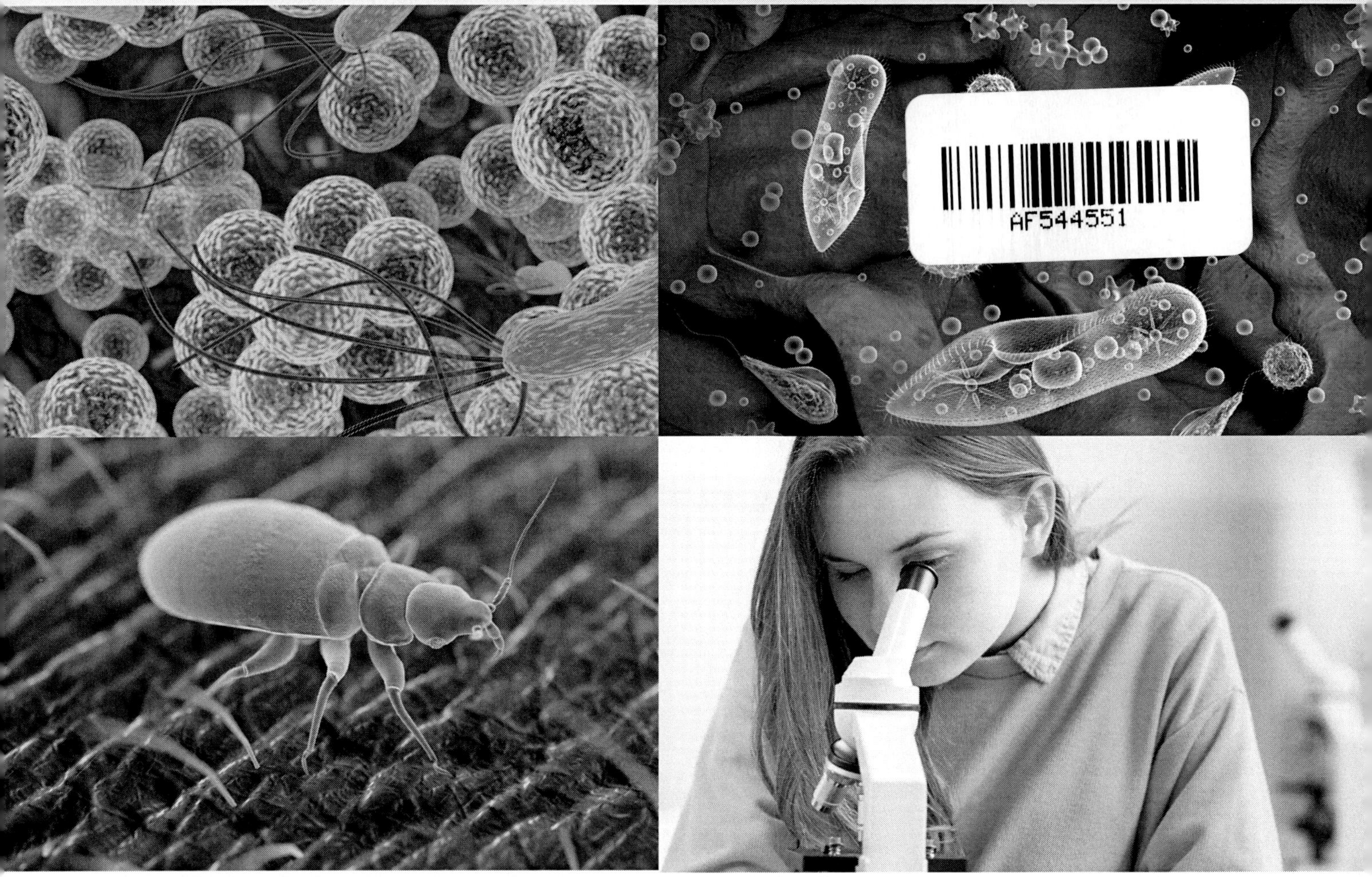

Lernwerkstatt

Lebewesen *unter dem Mikroskop*

Spannende Einblicke in die faszinierende Welt der Kleinstlebewesen

www.kohlverlag.de

Lernwerkstatt Lebewesen unter dem Mikroskop

5./6. Schuljahr

1. Auflage 2022

Inhalt: Gabriela Rosenwald
Redaktion: Kohl-Verlag

Umschlagbild: © Dmitry Knorre, Wire_man, andreaobzerova & SciePro - AdobeStock.com
Grafik & Satz: Eva-Maria Noack / Kohl-Verlag
Druck: farbo prepress GmbH, Köln

Bestell-Nr. 12 691

ISBN: 978-3-98558-153-5

Bildquellen © AdobeStock.com:

S. 4: VectorMine (bearb.); **S. 5**: abrakadabraolkita, PrettyVectors (bearb.); **S. 6**: olkita, reineg; **S. 7**: Betsy Baranski (bearb.); **S. 8**: Style-o-Mat, Ulruch G. (bearb.), Dvarg, phanasitti, paperstreet26196, Art of Success; **S. 9**: Uwe Lütjohann, phanasitti, SVIATOSLAV; **S. 10**: Art of Success, Popova Olga, Uwe Lütjohann, boonchuay1970; **S. 11**: Markus Wegmann, trinset; **S. 12**: sinhyu (bearb.); **S. 13**: VectorMine (bearb.), Aldona (bearb.); **S. 14**: Aglia (4x); **S. 15**: Liliya; **S. 16**: dottedyeti, Idey; **S. 17**: reineg; **S. 18**: blueringmedia (2x), Kazakova Maryia (bearb.), Aldona; **S. 19**: blueringmedia (bearb.), Aldona; **S. 20**: Marina Lahereva, Aldona, blueringmedia, PYRAMIS, Eric Isselée, blueringmedia (bearb.); **S. 21**: blueringmedia (3x), blueringmedia (bearb.), Eric Isselée, emodeath, fablok, Edvard Ellric (2x), Robin, Happypictures, Vitalii Hulai; **S. 22**: Pavol Klimek, by-studio, oxie99, ylivdesign, snyGGG; **S. 23**: by-studio, oxie99; **S. 24**: Morphart (bearb.), Juulijs (bearb.), blueringmedia (bearb., 2x), Kazakova Maryia (bearb., 2x), KKT Madhusanka (bearb.), spreadshirt.de (bearb.), Alexander Pokusay; **S. 25**: Roman Ivaschenko; **S. 26**: shchus, Silke Lorenz-Haack (bearb.), donatas1205, by-studio, sucharat, sinhyu; **S. 27**: designua (bearb.), tonaquatic; **S. 28**: vecton (bearb.), tonaquatic; **S. 29**: Wire_man (bearb., 2x), micro_photo, SVIATOSLAV; **S. 30**: sinhyu (2x); **S. 32**: O Sweet Nature (bearb.), Aldona (2x); **S. 33**: sinhyu, Kazakova Maryia (bearb.); **S. 34**: Aldona (bearb.); **S. 35**: sinhyu, Kazakova Maryia, Kazakova Maryia (bearb.); **S. 36**: blueringmedia (bearb.); **S. 37**: fargon (bearb.); **S. 38**: tonaquattic; **S. 39**: rukanoga, dottedyeti, Toncha; **S. 40**: rukanoga; **S. 41**: O Sweet nature (bearb. 2x), Kazakova Maryia (bearb.); **S. 42**: Good Studio, Shvetsova Yulia; **S. 43**: Kazakova Maryia (bearb.), sinhyu, Marina Lahereva; **S. 46**: O Sweet Nature (bearb.), chapinasu (bearb.), Wire_man; **S. 47**: Elif, Animaflora PicsStock; **S. 48**: Pavlo (bearb.), incomible, udomsook (bearb.), dariaustiugova, wsf-f, jure, azurita; **S. 49**: Pixel-Shot, fortsite, udomsook (bearb.), dariaustiugova, wsf-f, jure, azurita; **S. 51**: childrendrawings; **S. 52**: blueringmedia (2x), Liliya (3x), KKT Madhusanka, blueringmedia (bearb.), Alekander Pokusay, reineg, Aldona (2x); **S. 53**: Aldona (3x), LechimEuraled, tonaquatic, annekaffee-kanne (2x), こまちみゆた, theblackrhino, Lars Johansson, blueringmedia (bearb.), Aldona; **S. 54**: sinhyu (4x), micro_photo, tonaquatic; **S. 55**: Bruno R.B S., sinhyu, klickit24, elif; **S. 55/56**: tokumiyanuts; **S. 58**: Betsy Baranski (bearb.); **S. 60**: blueringmedia (3x), Eric Isselée, emodeath, fablok, Edvard Ellric (2x), Robin, Happypictures, Vitalii Hulai, by-studio, oxie99, ylivdesign, snyGGG; **S. 62**: Aldona, Kazakova Maryia; **S. 64**: Kazakova Maryia (bearb.)

wikimedia.org:

S. 15: Oregon State University; **S. 24,25**: Katrin Schneider; **S. 30**: Dr. Eugen Lehle; **S. 31**; **S. 33**; **S. 37**; **S. 38**: Juan Carlos Fonseca Mata, Bob Blaylock; **S. 39**: Tommy from Arad; **S. 40**: Schokraie E, Warnken U, Hotz-Wagenblatt A, Grohme MA, Hengherr S, et al. (2012); **S. 44**: Pentecost, Allan; **S. 45**: Frank Fox, Zeamays; **S. 46**: Notafly, **S. 50**: Christian Fischer; **S. 53**: Pentecost, Allan; **S. 54**: Frank Fox, Juan Carlos Fonseca Mata, John Alan Elson; **S. 55**: Icecianl

Inhalt

Inhalt

Vorwort

Die Natur, besonders der Lebensraum Wasser, ist für entdeckendes Lernen besonders gut geeignet. Und genau hier knüpft dieses Heft an. Nach einer kleinen Einführung zum Aufbau, zur Funktion und zur Bedienung eines Mikroskops geht es dann auch schon direkt ans Mikroskopieren:

Welche Unterschiede kann ich zwischen einem Tropfen Leitungswasser und einem Tropfen Teichwasser feststellen? Welche Lebewesen kann ich entdecken? Es gibt Anleitungen, wie man diese züchten kann und wo man sie entdecken kann. Anhand einer Bestimmungshilfe können die Schüler selbst herausfinden, welche Tierchen oder Algen sie vor sich haben.

Das Arbeitsheft ist vorgesehen zum Einsatz in der Sekundarstufe im 5.–6. Schuljahr. Die Arbeitsblätter enthalten interessante Infotexte sowie dazu ausgearbeitete Aufgabenstellungen, die in verschiedenen Sozialformen (Einzel-, Partner- oder Gruppenarbeit) erarbeitet werden. Die Kopiervorlagen sind bestens geeignet für die Freiarbeit und zum Stationenlernen.

Und nun viel Freude und Erfolg mit diesen Seiten wünschen der Kohl-Verlag und

Gabriela Rosenwald

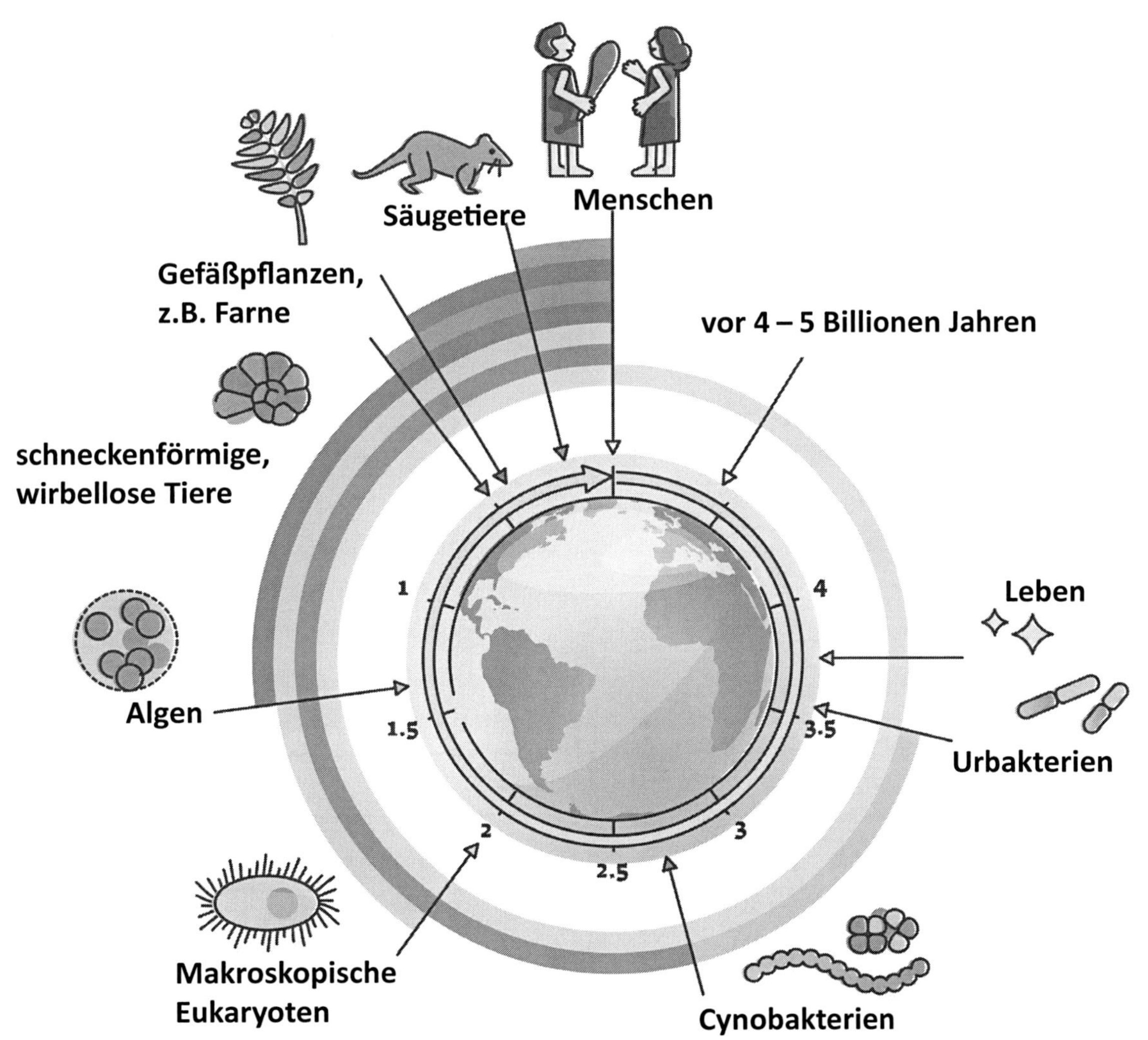

Aufgrund der besseren Lesbarkeit wird im Folgenden die männliche Form Schüler bzw. Lehrer verwendet. Gemeint sind damit selbstverständlich auch die weiblichen Personen.

Arbeitspass

Name: ______________________________ **Klasse:** __________

Seite	Thema	begonnen	erledigt

1 Das Mikroskop

Was ist ein Mikroskop?

Das griechische Wort „mikros“ bedeutet klein, „skopein“ bedeutet anschauen. Bereits um 500 v. Chr. benutzten die Griechen und Römer Lupen, um Objekte zu vergrößern. Fast 2 000 Jahre später, um **1673** entwickelte **Antony van Leeuwenhoek** (1632–1723) eines der ersten Mikroskope, mit welchem er bereits den Aufbau von Samen, Früchten, Blüten und auch Augen verschiedener Tiere untersuchen konnte. Es dauerte allerdings fast 250 Jahre, ehe sich die Mikroskopie weiterentwickelte. Der Jenaer Mathematiker und Physiker **Ernst Abbe** gründete mit **Carl Zeiss** und dem Glashersteller **Otto Schott** ein „Glaslabor“. Dieses wurde später zu einer Fabrik für optische Instrumente (die heutige Zeiss AG).

Durch die Vergrößerung des Gegenstands in zwei Stufen kann mit einem Mikroskop eine sehr hohe Vergrößerung des Bilds erreicht werden. Hat z. B. das Objektiv eine 40-fache Vergrößerung und das Okular eine 8-fache Vergrößerung, so ergibt sich als Gesamtvergrößerung: 40 x 8 = 320. Übliche Mikroskop-Objektive haben folgende Werte: 4x, 10x, 15x, 20x, 40x, 50x, 100x.

Die Art, wie das Bild erzeugt wird, nennt man Strahlengang. Beim Lichtmikroskop wird das betrachtete Objekt mit Licht durchstrahlt. Das Licht gelangt anschließend durch das Objektiv und das Okular in dein Auge. Nur wenn das Objekt sehr dünn ist, wird es so gut durchstrahlt, dass du viele Einzelheiten erkennen kannst. In den meisten Fällen muss das Objekt zum Mikroskopieren vorbereitet werden. Man sagt, es muss präpariert werden. Bei einem Lichtmikroskop wird mit Vergrößerungen von bis zu etwa 1 000 gearbeitet. Sind höhere Bildvergrößerungen notwendig, so nutzt man oft Elektronenmikroskope.

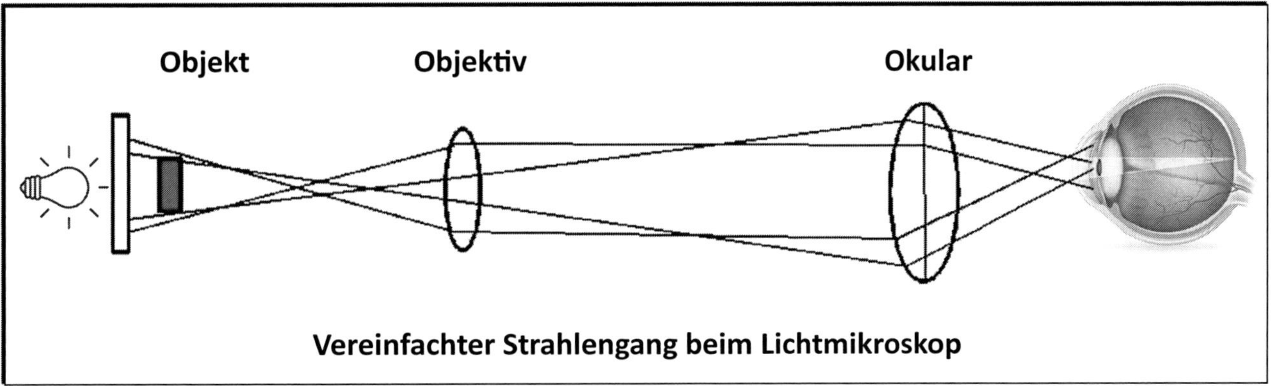

Vereinfachter Strahlengang beim Lichtmikroskop

Aufgabe 1: *Schreibe in dein Heft/deinen Ordner:*

a) Wer erfand eines der ersten Mikroskope?

b) Wann war das?

c) Wer gründete das „Glaslabor“?

d) Wie groß wird dein Bild, wenn du eine 50-fache Vergrößerung bei einem 8-fach vergrößernden Okular hast?

e) Ab welcher Vergrößerung benutzt man besser ein Elektronenmikroskop?

1 Das Mikroskop

Die Teile des Mikroskops

Aufgabe 2: *Lest den Text aufmerksam und beschriftet das Mikroskop.*

Das **Okular** sitzt ganz oben auf dem Lichtmikroskop. Es enthält Linsen und dient der Vergrößerung eines Präparats.
Der **Tubus** liegt unter dem Okular. Er ist eine Art Röhre. Das Bild wird umso größer, je länger der Tubus ist.
Der **Objektivrevolver** trägt verschiedene **Objektive**, die auch Linsen enthalten.
Die Objektive besitzen unterschiedlich starke Linsen. Dadurch zeigen sie auch unterschiedliche Vergrößerungen.
Das **Objekt** auf dem Objektträger wird auf dem **Objekttisch** platziert und mit den **Objekthaltern** festgehalten.
Die Lichtquelle kann eine **Lampe** sein oder ein Spiegel, mit dem du das Licht auf das Objekt richtest.
Mit dem **Grob- und Feintrieb** kannst du das Bild scharf stellen.
Unter dem Objekttisch befindet sich ein **Kondensor** (= eine Blende zur Regulierung des Lichts).
All diese Teile des Lichtmikroskops werden von dem **Stativ** gehalten. Daran trägst du auch das Mikroskop.
Das Stativ steht wiederum auf dem **Mikroskop-Fuß**.

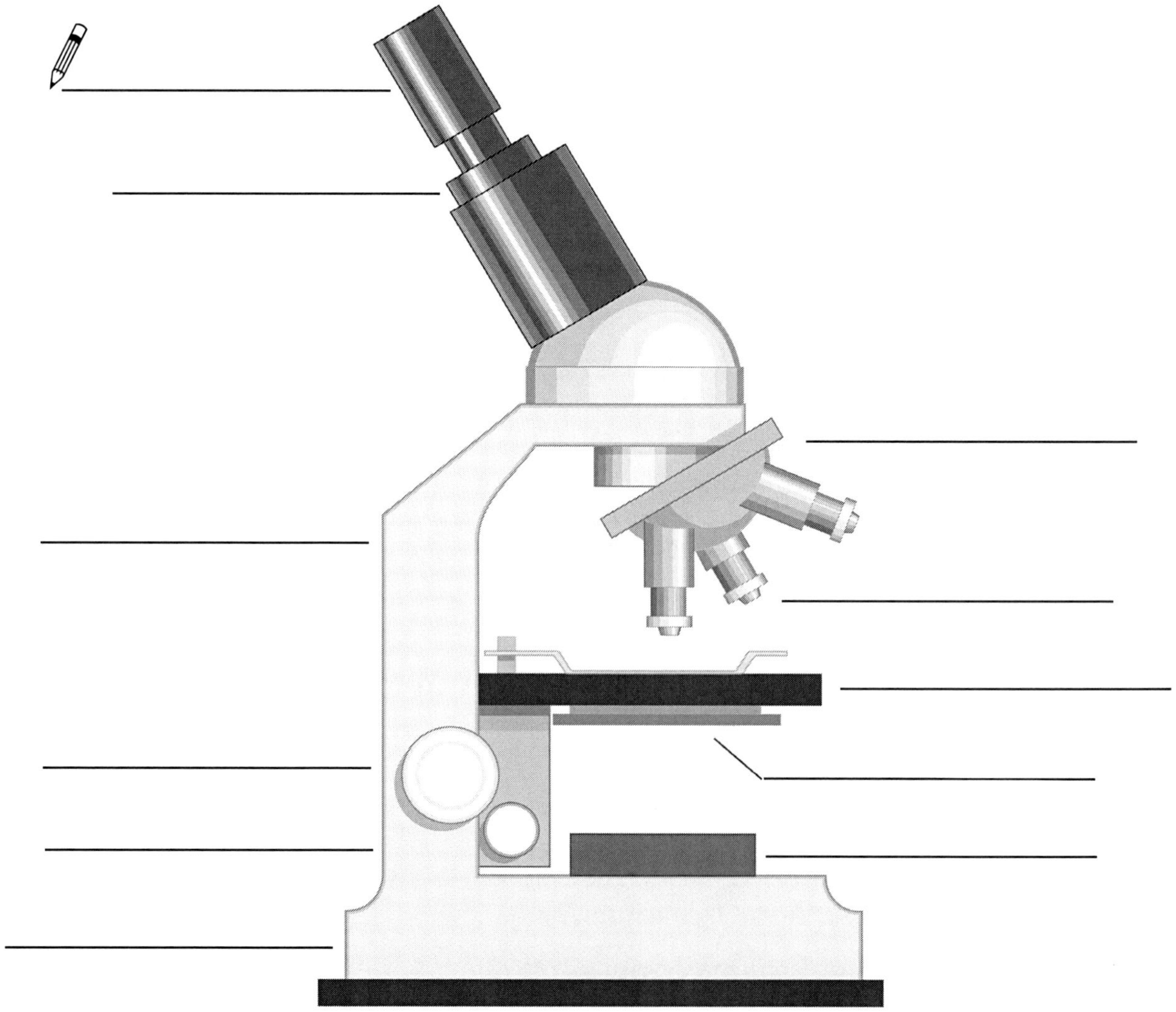

1 Das Mikroskop

Präparate kennenlernen

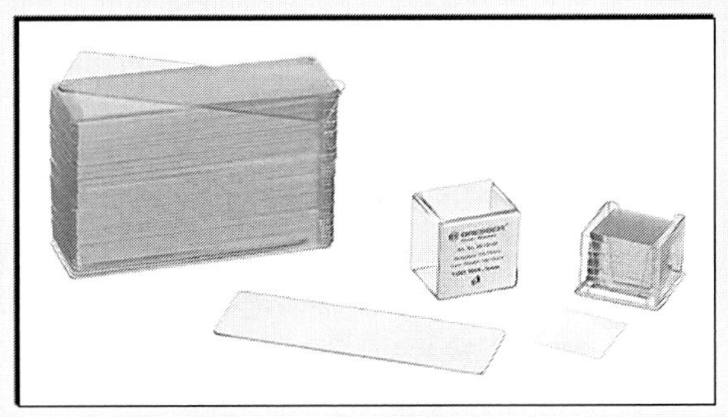

Um mit dem Mikroskop arbeiten zu können, braucht man Präparate. Diese werden auf Objektträgern, kleinen Glasplättchen, fixiert. Meist verwendet man noch einen Wassertropfen und ein Deckblättchen, eine kleinere, ganz dünne Glasscheibe. Das Objekt muss für Lichtstrahlen durchlässig sein. Bei sehr dünnen, lichtdurchlässigen Objekten ist keine Präparation nötig. Die Objekte werden lediglich in einem Wassertropfen auf dem Objektträger angebracht und mit einem Deckgläschen versehen. So lassen sich auch lebende Zellen beobachten.

Was du brauchst:

- **Objektträger**: Dies sind dünne Glasplatten.
- **Deckgläschen**: Dies sind noch kleinere, sehr dünne Glasplättchen.
- **Pipette mit Gummihütchen**: Damit kannst du Wasser auf den Objektträger tropfen.
- **Pinzette und Präpariernadel**: Diese Werkzeuge brauchst du, um kleine Dinge zu fassen.

Aufgabe 3: *Schreibe den richtigen Namen zu den Dingen:*

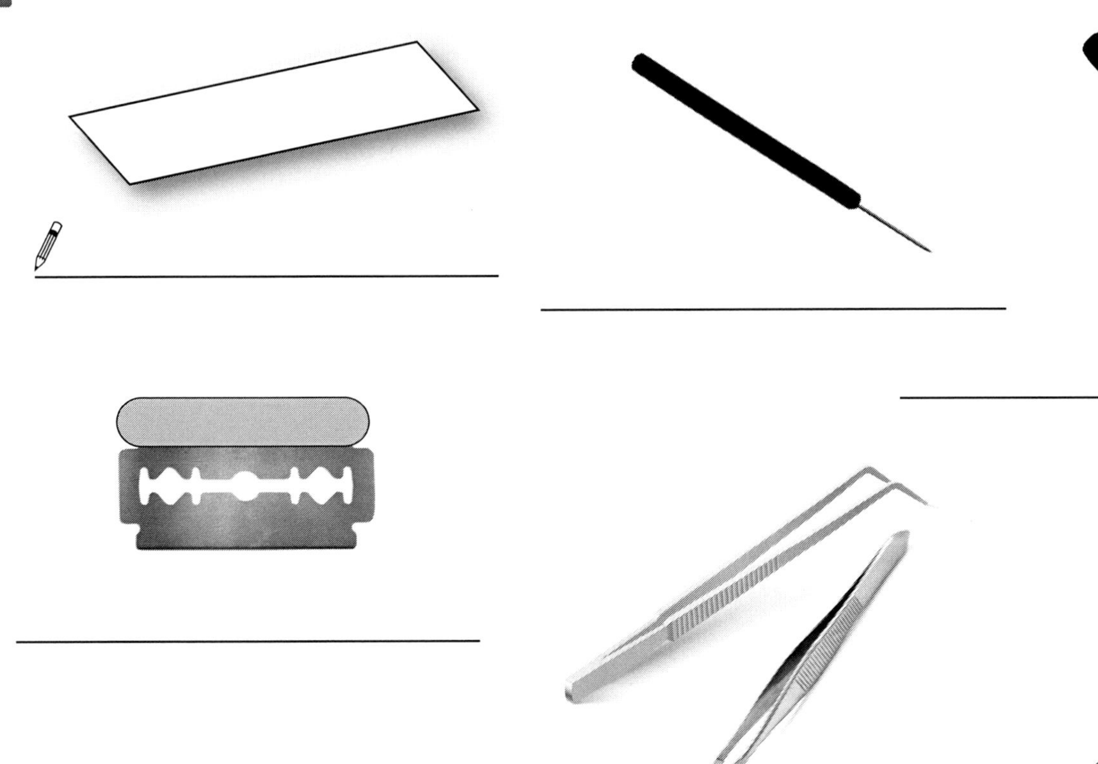

1 Das Mikroskop

Präparate herstellen

Frischpräparate sind Nasspräparate, bei denen meist Wasser als Einbettungsflüssigkeit dient. Sie werden zum sofortigen Untersuchen hergestellt und anschließend meist gleich wieder entsorgt.

Dauerpräparate sind gefärbte oder ungefärbte mikroskopische Präparate, die in einem speziellen Mittel zwischen dem Objektträger und dem Deckglas eingeschlossen werden. Sie sind so für längere Zeit konserviert und können jederzeit wieder mikroskopiert werden.

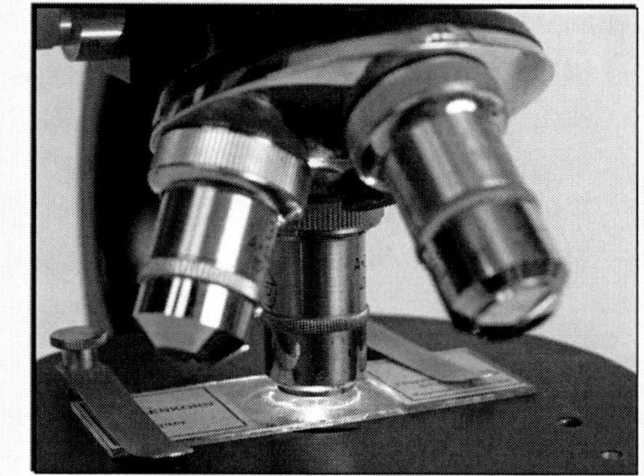

Manche Objekte sind unter dem Mikroskop ziemlich farblos. Methylenblau färbt die Zellkerne der Zellen blau, das Zellplasma wird hellblau gefärbt. Mit einer Jod-Kalium-Lösung werden Stärkekörner hervorgehoben. Neutralrot färbt die Vakuole. Eine Vakuole ist eine mit Wasser gefüllte Blase im Inneren einer Zelle.

So stellst du ein Präparat her:

Du brauchst:

- Objektträger, Deckgläschen, Pipette, Pinzette, Präpariernadel, ein Blatt von der Wasserpest oder ähnliches
- Wasser und vielleicht Methylenblau, wenn du das Präparat färben willst

So geht es:

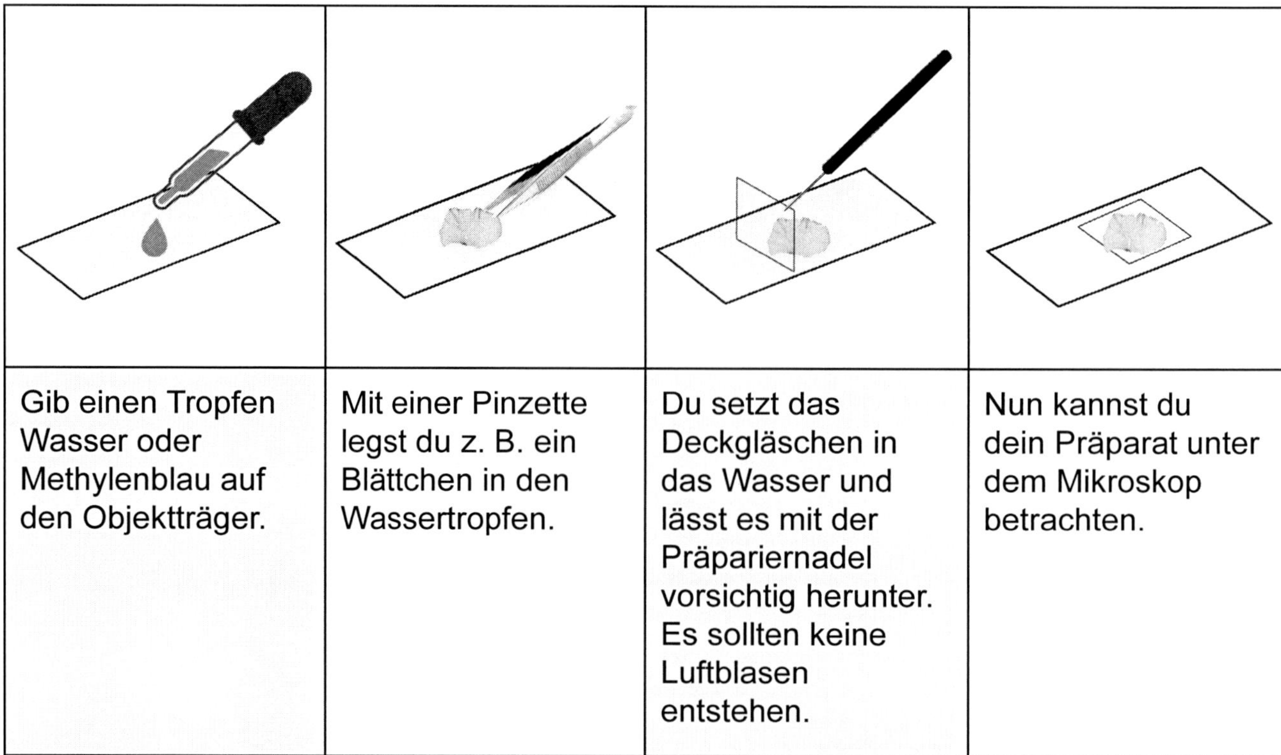

Gib einen Tropfen Wasser oder Methylenblau auf den Objektträger.	Mit einer Pinzette legst du z. B. ein Blättchen in den Wassertropfen.	Du setzt das Deckgläschen in das Wasser und lässt es mit der Präpariernadel vorsichtig herunter. Es sollten keine Luftblasen entstehen.	Nun kannst du dein Präparat unter dem Mikroskop betrachten.

Dünnschnittpräparate – für Fortgeschrittene

Besonders Pflanzen eignen sich für Handschnitte – Wurzeln, Ranken, auch Stängel, sofern sie nicht allzu dick sind. Skalpelle mit Wechselklingen oder feine Rasierklingen eignen sich besonders gut, um dünne Schnitte von Blättern, Stängeln und ähnlichem Material anzufertigen. Um einen Blatt- oder Stängelquerschnitt zu betrachten, müsst ihr sehr dünne Scheibchen anfertigen. Sie müssen so dünn sein, dass genügend Licht hindurch geht.

	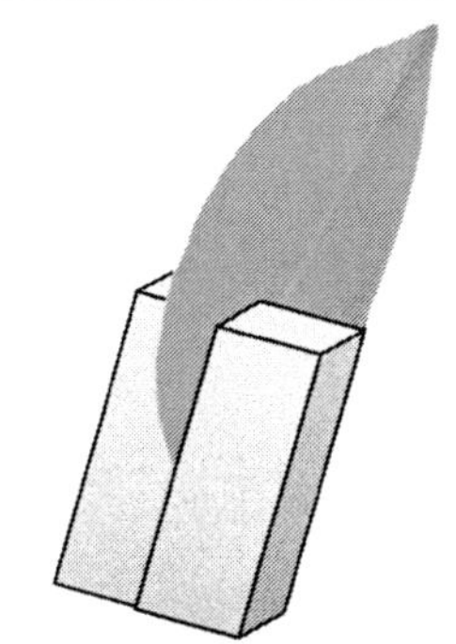	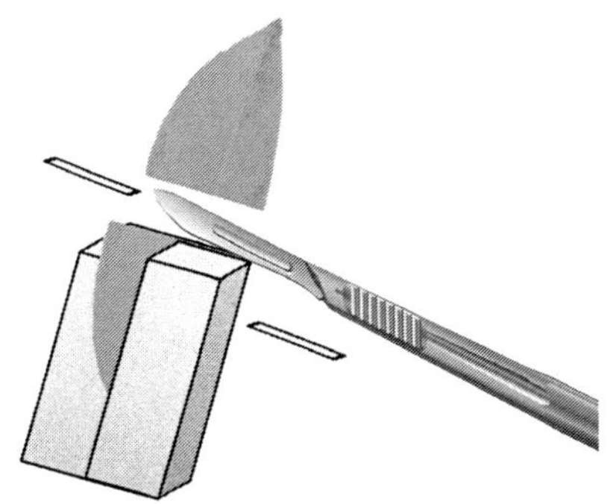
Ihr braucht ein Stück Hartschaum, am besten Styrodur (Polyuretan) o. Ä. Styropor macht sofort die Klinge stumpf. Als Messer gehen Rasierklingen oder ein Skalpell. Das Stück Hartschaum wird eingeschnitten.	Das Blatt, das untersucht werden sollte, wird nun eingeklemmt. Jetzt kann man es gut halten, ohne dass man sich in die Finger schneidet.	Mit der Klinge wird die Oberseite einmal gerade geschnitten. Das ist schwieriger als gedacht – Blatt und Styropor müssen eine wirklich gerade Fläche bilden.

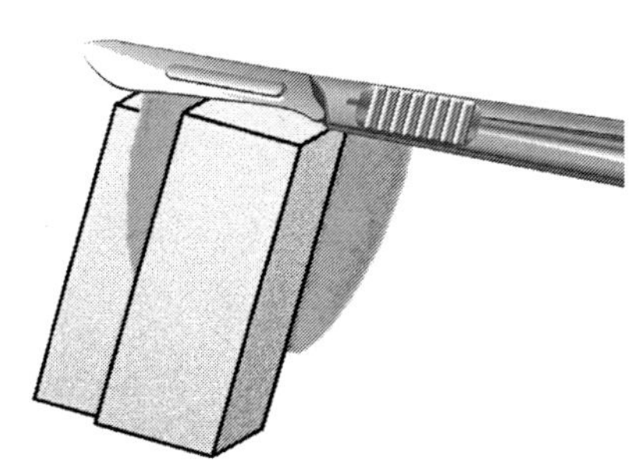	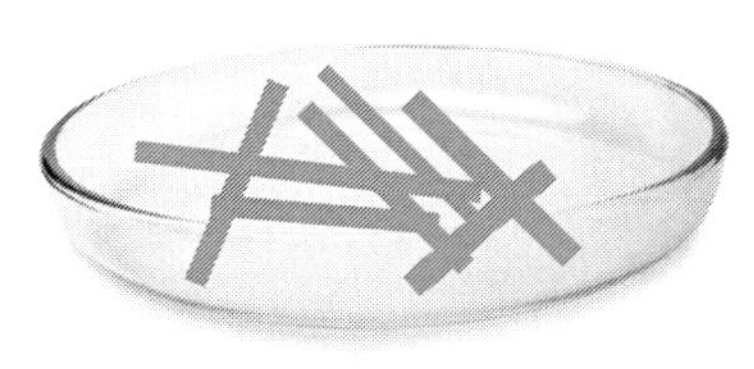	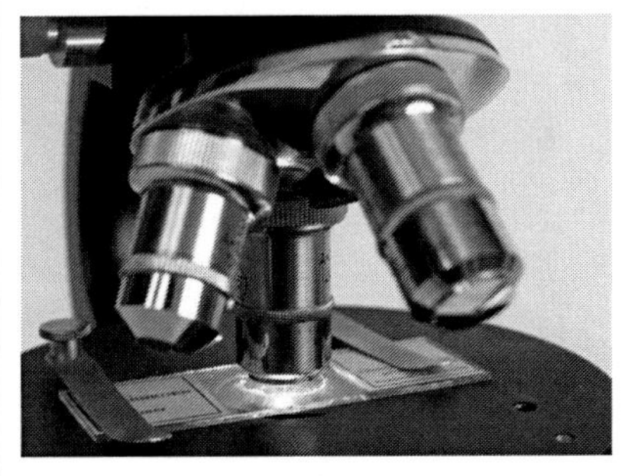
Das Messer wird an einer Ecke des Blocks aufgelegt und langsam darüber gezogen. Dabei dürft ihr nur ganz wenig Druck ausüben, sonst schneidet ihr eine zu dicke Scheibe ab. Das Messer darf auch nur in eine Richtung bewegt werden, nicht hin und her säbeln.	Nach den ersten 15 Schnitten sollte einer dabei sein, der dünn genug ist. Nicht aufgeben, irgendwann klappt es. Die Blattschnitte in einem Wasserschälchen aufbewahren, damit sie nicht austrocknen.	Wähle die dünnsten Schnitte aus und fertige von ihnen Frischpräparate an. Betrachte sie zunächst bei geringerer, dann bei stärkerer Vergrößerung. Zeichne einige Zellen und beschrifte die erkennbaren Bestandteile.

Lernwerkstatt
Lebewesen unter dem Mikroskop – Bestell-Nr. 12 691

1 Das Mikroskop

Der Umgang mit dem Mikroskop

1. Lege zunächst den Objektträger mit dem Objekt so auf den Objekttisch, dass das Objekt über der Öffnung liegt. Klemme den Objektträger fest.
2. Stelle mit dem Objektivrevolver die kleinste Vergrößerung ein, um dir einen Überblick zu verschaffen.
3. Bewege durch Drehen des Triebrades das Objektiv bis in die Nähe des Objekts. Ganz wichtig: Kontrolliere dabei von der Seite, damit das Objektiv das Objekt nicht berührt, sonst können Objektiv und Objekt beschädigt werden.
4. Schaue durch das Okular und stelle das Objekt durch Drehen des Triebrades scharf ein.
5. Reguliere, wenn notwendig, die Helligkeit mit der Blende oder dem Spiegel.
6. Verschiebe nun den Objektträger mit dem Objekt solange auf dem Objekttisch, bis du eine Stelle des Objekts gefunden hast, die gut betrachtet werden kann.
7. Wähle eine stärkere Vergrößerung und betrachte das Objekt erneut.

Aufgabe 4: *Erkläre deinem Nachbarn, wie du richtig mikroskopierst.*

Das kannst du im Mikroskop entdecken:

Die Bezeichnung Mikroorganismen umfasst folgende Gruppen von einzelligen oder kleinen, mehrzelligen Lebewesen:

1. **Protozoen**: Tiere, die als Einzeller oder in kleinen Verbänden leben …
2. **Mikroalgen**: Da es auch große Algen gibt (z. B. Seetang) ist eine Abgrenzung erforderlich. Mikroalgen sind meist einzellig oder in kleinen Verbänden organisiert.
3. **Bakterien**: sehr umfangreiche Gruppe, von Milchsäurebakterien bis zu Krankheitserregern
4. **Pilze**: Einzellige Pilze wie Hefe
5. Und vieles mehr …

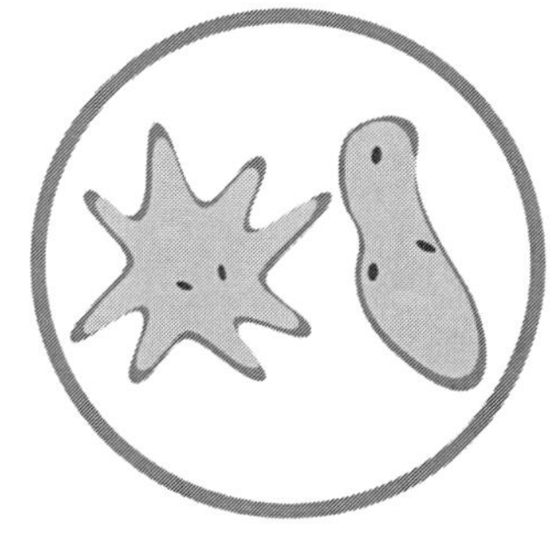 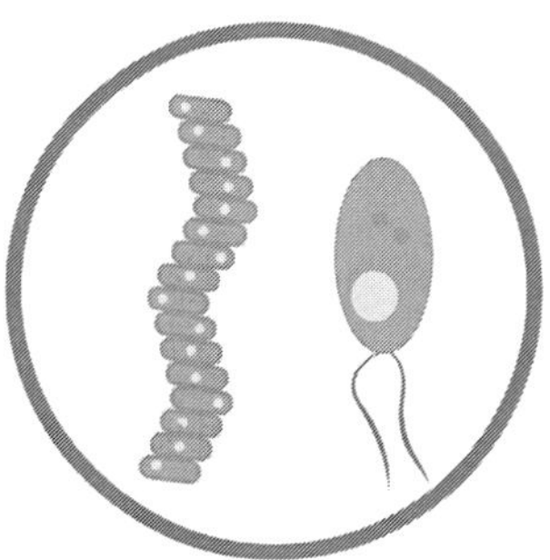 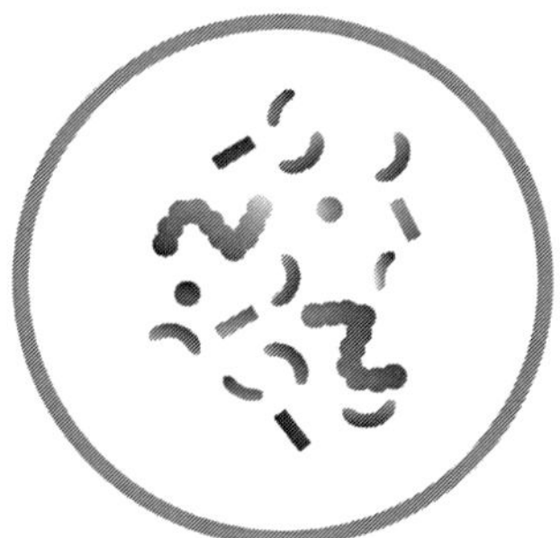 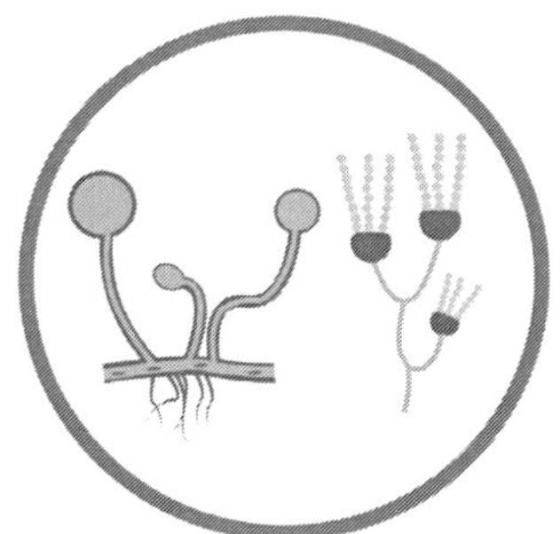

1 Das Mikroskop

Die mikroskopische Zeichnung

- Zuerst bereitet ihr das Zeichenblatt vor. Es sollte etwa ein halbes DIN-A4 Blatt sein.
- Dann sucht ihr den besten Bildausschnitt und stellt das Mikroskop darauf scharf.
- Mit der Feineinstellung gelingt euch eine passende Darstellung des Objekts.
- Dann sucht ihr den besten Bildausschnitt und stellt diesen scharf.
- Erst danach und nur wenn es nötig ist, wählt ihr eine stärkere Vergrößerung.
- Betrachtet das Objekt unter dem Mikroskop genau.
- Legt eure Zeichnungen übersichtlich und groß an, achtet also auf die Platzeinteilung.
- Dann zeichnet deutlich, radiert wenig und malt nichts aus.
- Wählt nur einen kleinen, typischen Ausschnitt des Bildes und zeichnet diesen.
- Vergleicht eure Zeichnungen immer wieder mit dem mikroskopischen Bild und zeichnet nur das, was ihr wirklich seht.

Beschrifte deine mikroskopische Zeichnung. Alle Angaben zur Zeichnung solltest du in Druckstift und mit Bleistift schreiben:

- dein Name
- deine Klasse
- das Datum
- natürlich die Vergrößerung
- den Namen des Objektes
- die Art der Präparation, zum Beispiel die Färbung

Zum Schluss sollte die Zeichnung so aussehen:

Name: ***Leonie***

Klasse: ***5c***

Datum: ***1.4.2022***

Objektname: ***Zwiebelhaut***

Vergrößerung: ______________

Objektname: ________________

Färbung: ***Methylenblau***

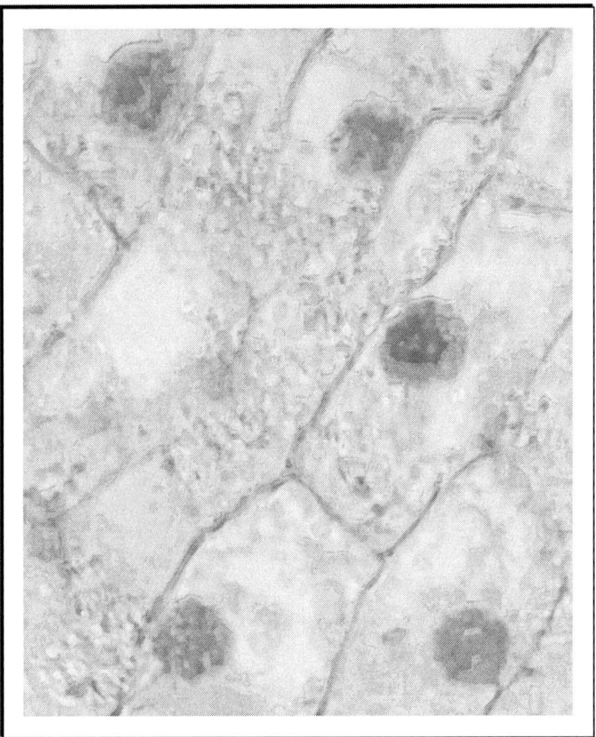

2 Die kleinen Lebewesen

Entstehung des Lebens

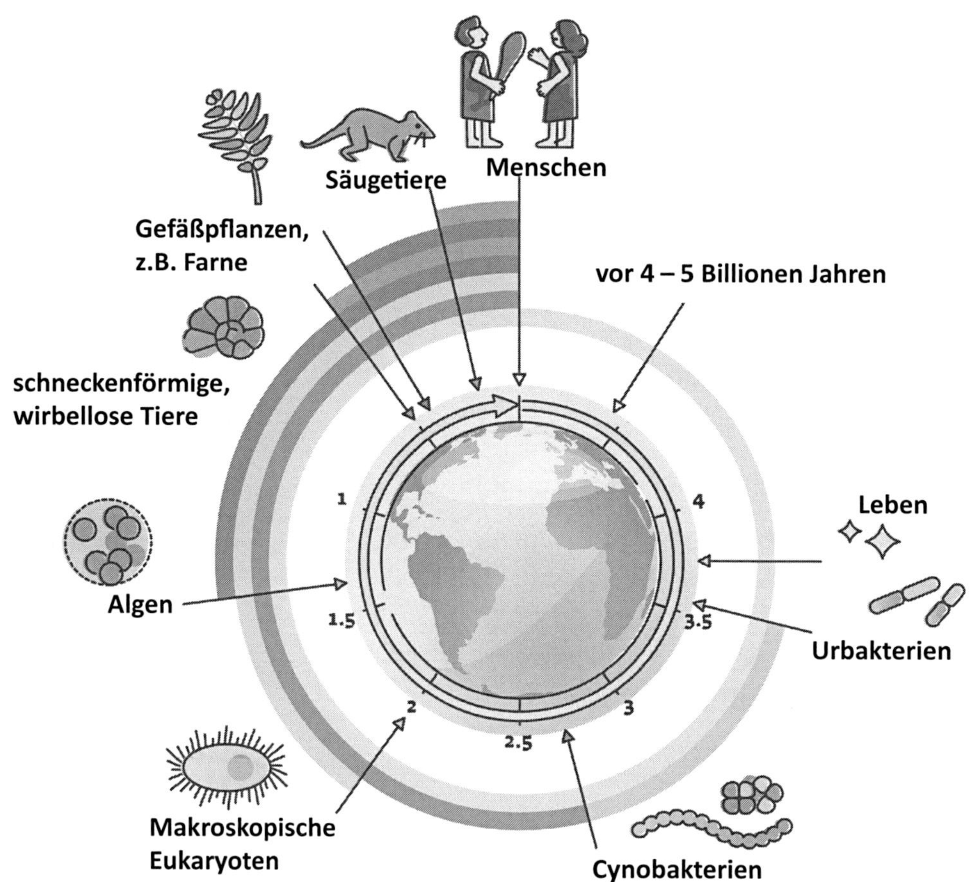

Aufgabe 1: **a)** *Wer ist älter, die Urbakterie oder die Alge?*
b) *Seit wann gibt es schon die Cyanobakterien?*
c) *Wann gab es die ersten Eukaryoten?*

Die Größe der Lebewesen

Größe: 1 cm
1 cm (Zentimeter) = 10 mm (Millimeter)
1 mm (Millimeter) = 1000 µm (Mikrometer) = µm

Aufgabe 2: *Rechne um:*

140 µm = ________ mm

50 µm = ________ mm

2 mm = ________ µm

0,2 mm = ________ µm

0,04 mm = ________ µm

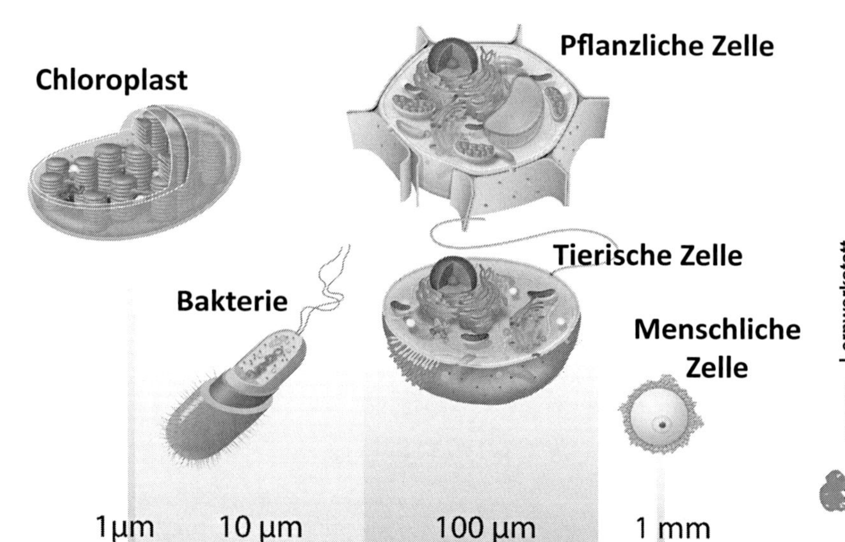

2 Die kleinen Lebewesen

Zellen mit und ohne Zellkern

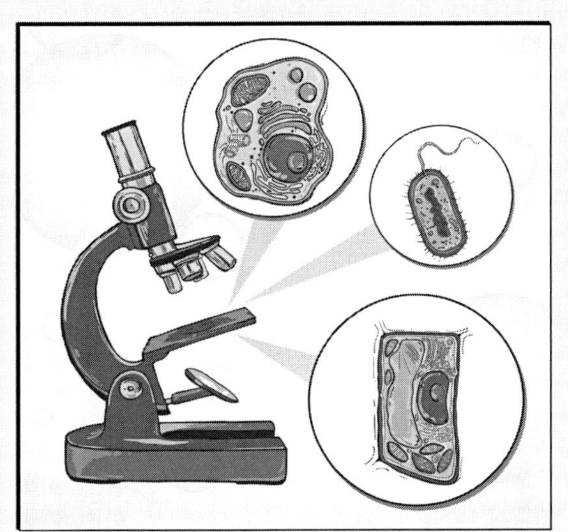

Die ersten Lebewesen haben klein angefangen: Sie bestanden aus nur einer Zelle. Es gibt auch heute noch unzählige Bakterien, Pilze und andere Kleinstlebewesen, die aus nur einer Zelle bestehen. Man unterscheidet dabei Zellen ohne Zellkern (sogenannte Prokaryoten) und Zellen mit Zellkern (die Eukaryoten).

Prokaryoten sind die einfachsten Zellen. Sie haben einen eigenen Stoffwechsel, wachsen und vermehren sich. Ihr Erbgut schwimmt frei in der Zelle herum. Zu den Prokaryoten gehören fast alle Bakterien.

Eukaryoten sind komplizierter aufgebaut als Prokaryoten: Das Innere ihrer Zelle ist durch die Organellen gegliedert (winzige „Membransäckchen"). Sie erfüllen, wie die Organe beim Menschen, ganz bestimmte Aufgaben. Zu ihrer Fortbewegung nutzen sie Wimpern (Pantoffeltierchen), Geißeln (Augentierchen) oder Scheinfüßchen (Wechseltierchen = Amöben). Sie pflanzen sich meist durch Zellteilung fort.

Aufgabe 3: **a)** *Setze in den Lückentext die folgenden Wörter richtig ein:*

Augentierchen – Prokaryoten – Bakterien – Amöbe – Pilze – Eukaryoten – Zellteilung

Man unterscheidet zwischen ____________________ (ohne Zellkern) und ____________________ (mit Zellkern). Zu den Einzellern gehören viele ____________________, Protozoen und Algen. Die Fortbewegung der Einzeller geschieht durch Geißeln, Wimpern oder Scheinfüßchen. Bekannte tierische Einzeller sind die ______________, das ____________________ und das Pantoffeltierchen. Einzeller pflanzen sich durch ____________________ fort.

b) *Welche Zellen gehören zu den Eukaryoten und welche zu den Prokaryoten?*

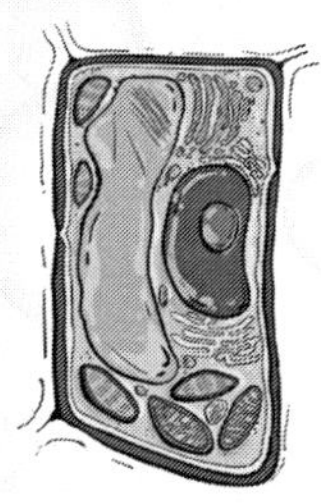

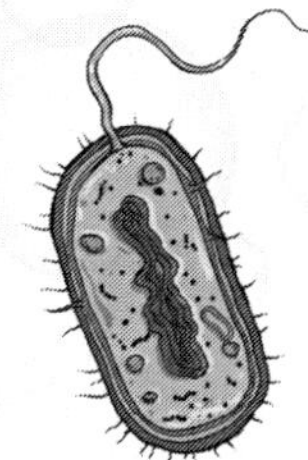

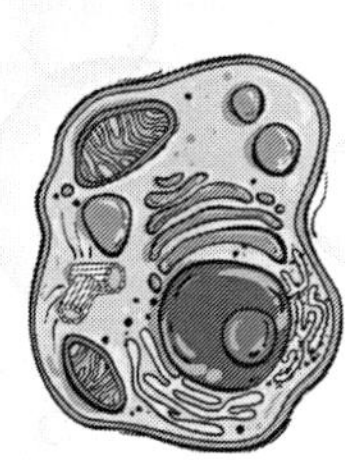

____________________ ____________________ ____________________

2 Die kleinen Lebewesen

Aufbau der Einzeller

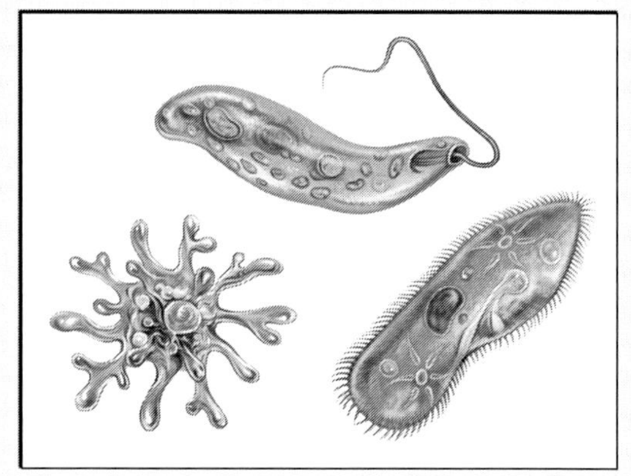

Die Einzeller sind eine eigene Gruppe. Sie unterscheiden sich von den ebenfalls einzelligen Bakterien **durch einen Zellkern**. Pilze wie die Hefe, aber auch bestimmte Algen und weitere kleine Lebewesen wie Pantoffeltierchen, Augentierchen und Amöben sind Beispiele für solche Einzeller mit Zellkern.
Sie besitzen keine Organe wie höhere Lebewesen, sondern **Organellen**, dazu einen oder zwei Zellkerne und die Vakuolen (Bläschen). Die pulsierende Vakuole reguliert **den Wasserhaushalt** der Einzeller. Chloroplasten (chloros = grün) sind die Organellen, die den Pflanzen und Algen ihre typisch **grüne Farbe verleihen**. Teilweise haben die Einzeller Härchen oder Geißeln.
Es gibt pflanzliche und tierische Einzeller. Die pflanzlichen Einzeller heißen **Protophyten** und besitzen Blattgrün. Die tierischen Einzeller heißen **Protozoen**. Sie bewegen sich durch Schlagen mit Härchen oder Geißeln an ihrer Außenseite. Es gibt auch Einzeller ohne Härchen. Sie kriechen über den Boden indem sie ihre Form verändern.
Eine besondere Eigenschaft der Einzeller ist, dass sie bei schlechten Bedingungen durch **Bildung von Schutzhüllen Dauerstadien** bilden können. Dadurch können sie sich vor ungünstigen Temperaturen, Nahrungsmangel oder Austrocknung schützen. Sie sind in der Lage, mehrere Jahre zu überleben. Besondere wasserbewohnende Einzeller haben erfolgreiche Anpassungsstrategien.

Aufgabe 4:
a) *Wodurch unterscheiden sich die Einzeller von den Bakterien?*
b) *Was regelt die pulsierende Vakuole (Bläschen)?*
c) *Wofür sind die Chloroplasten zuständig?*
d) *Was besitzen die Einzeller anstelle von Organen?*
e) *Wie heißen die pflanzlichen und wie die tierischen Einzeller?*
f) *Wie schützen sich die Einzeller bei schlechten Bedingungen?*

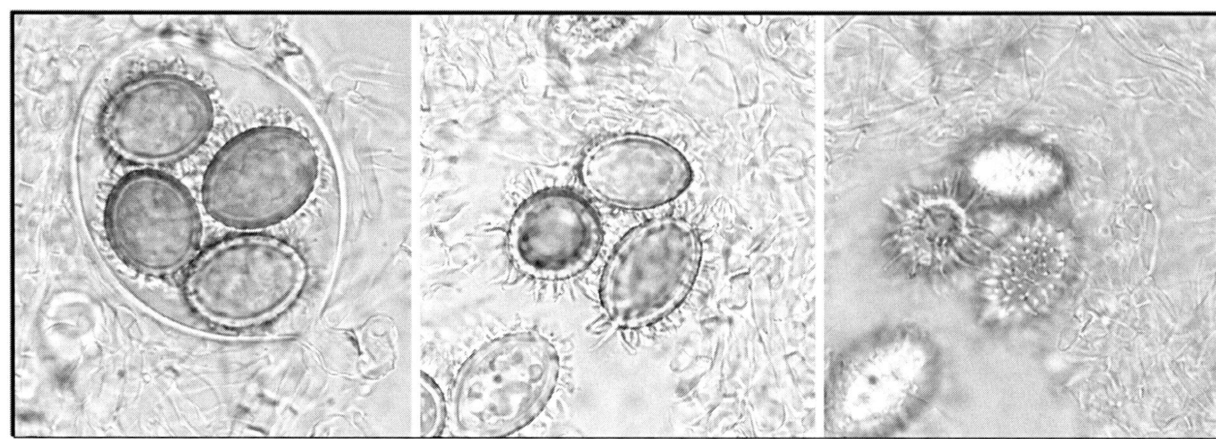

Tierische und pflanzliche Zellen

Die Tierzellen und die Pflanzenzellen gehören zu den Eukaryoten. Sie besitzen einen Zellkern. Die pflanzlichen Einzeller heißen Protophyten, z. B. Algen und Pilze. Die tierischen Einzeller nennt man Protozoen, z. B. Wimperntierchen, Wechseltierchen und Geißeltierchen. Zellkern, Zytoplasma und Zellmembran haben pflanzliche und tierische Zellen.

Aber es gibt auch Unterschiede:

- Die meisten tierischen Einzeller sind auf Nahrung von außen angewiesen. Sie ernähren sich heterotroph (= fremdernährend). Die pflanzlichen Einzeller können Photosynthese betreiben und sich somit ihre Nahrung selbst herstellen, mit Hilfe von Sonnenlicht und Kohlendioxid. Nährstoffe und Wasser können in Bläschen gespeichert werden. Die Ernährung nennt man autotroph (sich selbst ernährend).
- Anders als eine Tierzelle ist eine pflanzliche Zelle von einer Zellwand umgeben. Sie gibt der Zelle eine bestimmte Form und Festigkeit.

Aufgabe 5: **a)** *Was sind Protozoen und Protophyten?*

b) *Nenne Beispiele zu den beiden Arten.*

c) *Erkläre heterotrophe und autotrophe Ernährung mit deinen Worten.*

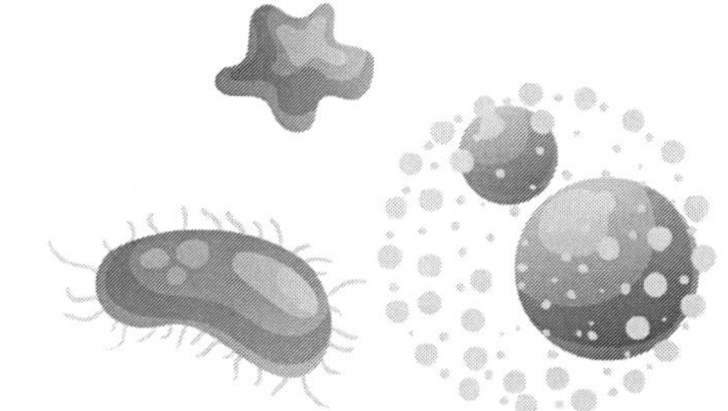

d) *Setze die fehlenden Teile in der Tabelle ein.*

Teil der Zelle	Pflanzenzelle	Tierzelle	Funktion
Zellwand		nein	
Zellmembran	ja		Stoffaustausch
Zellplasma (Zytoplasma)		ja	Transport und Verwertung von Nährstoffen
Bläschen (Vakuole)		nein	Wasser- und Nährstoffvorrat
Zellkern			Steuerung und Erbinformationen
Chloroplasten	ja		Photosynthese

Lernwerkstatt Lebewesen unter dem Mikroskop – Bestell-Nr. 12 691

Zusammensetzung der Zellen

Das **pulsierende Bläschen (pulsierende, kontraktile Vakuole)** ist ein kleines Bläschen im Einzeller. Dadurch kann Wasser aus dem Zytoplasma aufgenommen oder abgegeben werden (siehe Osmose). Die Teilchen streben immer nach einem Ausgleich der Stoffkonzentration. Die kontraktilen Vakuolen geben regelmäßig das überschüssige Wasser wieder nach außen ab. Dadurch wird verhindert, dass die Zelle durch zu viel Wasser platzt.

Das **endoplasmatische Retikulum (ER)** ist ein sehr wichtiges Zellorganell. Es befindet sich innerhalb der Pflanzenzelle und der Tierzelle direkt am Zellkern. Die Hauptaufgabe des ER ist es, Signale innerhalb der Zelle zu übertragen.

Mitochondrien: Die wichtigste Funktion dieser Organellen ist die Produktion von Energie.

Der **Golgi Apparat** besteht aus mehreren übereinandergestapelten Hohlräumen, die von einer Membran umschlossen sind. Diese Membran kann an den Rändern Vesikel (Bläschen) abschnüren und wieder eingliedern. Der Apparat ist besonders wichtig beim Zellstoffwechsel und befindet sich bei pflanzlichen Zellen im gesamten Zytoplasma. Er ist die Zentrale der Zelle, denn er sammelt, bearbeitet, lagert, sortiert und verpackt die verschiedenen Stoffe der Zelle.

Das **Zytoplasma** besteht aus dem Endoplasma (innenliegend) und dem Ektoplasma (außen liegend). Alle Zellen besitzen einen **Zellkern**.

Tierische Zelle

Mitrochondrien
Zellkern
Endoplasmatisches Reticulum
Zytoplasma
Plasmamembran
Golgi Apparat

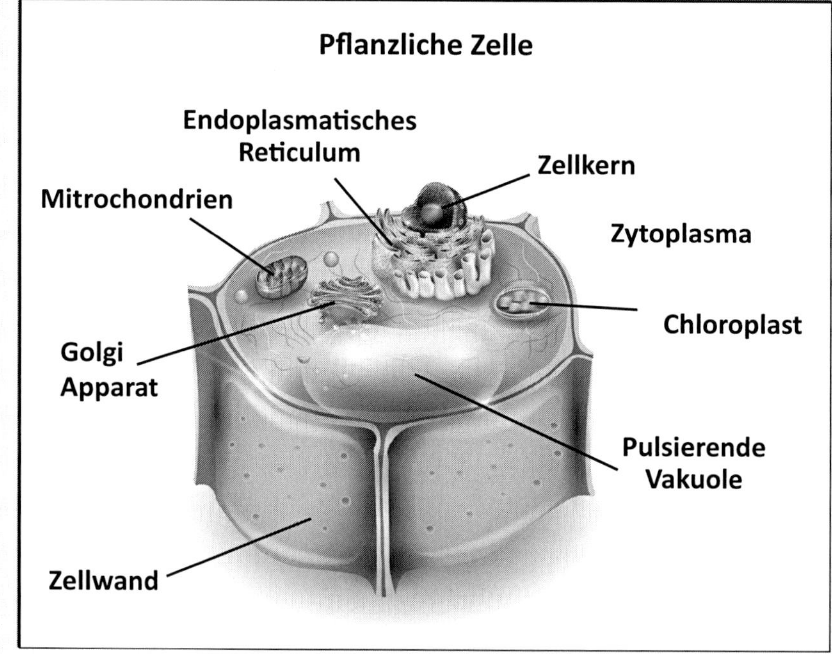

Aufgabe 6: **a)** *Welche Organellen besitzen die pflanzliche und die tierische Zelle?*

b) *Was gibt es nur bei der pflanzlichen Zelle?*

Die Osmose

Isotonisch *iso* – gleich *tonus* – Druck	**Hypotonisch** *hypo* – unter *tonus* – Druck	**Hypertonisch** *hyper* – über *tonus* – Druck
Wasser gelangt genauso viel in die Zelle wie auch wieder herausfließt.	Die Salzkonzentration in der Zelle ist höher – Wasser wird in die Zelle transportiert.	Die Salzkonzentration in der Zelle ist niedriger – Wasser wird aus der Zelle transportiert.

Die Teilchen selbst können die Trennwand der Zelle nicht passieren. Ist die Lösungskonzentration außerhalb der Zelle also höher oder niedriger als in ihrem Inneren, kommt es zu einem Konzentrationsausgleich, indem Wasser in die Zelle ein- bzw. ausströmt.

Die Photosynthese

Grünpflanzen, Grünalgen und manche Bakterien nutzen die Sonne, um aus Kohlendioxid und Wasser Zucker (meist Glucose) und Sauerstoff zu bilden. Den Algen gelang es, die Photosynthese noch zu verbessern: Sie haben dafür den Pyrenoid. Er ist der Speicherort für die Zucker, die bei der Photosynthese gebildet werden.

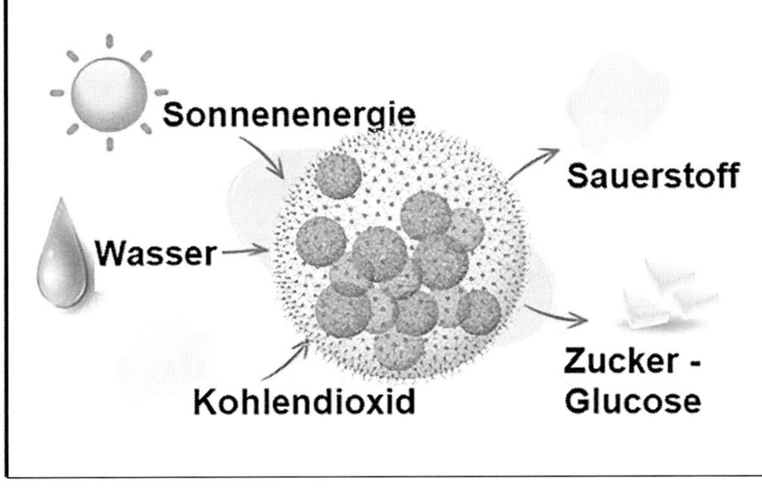

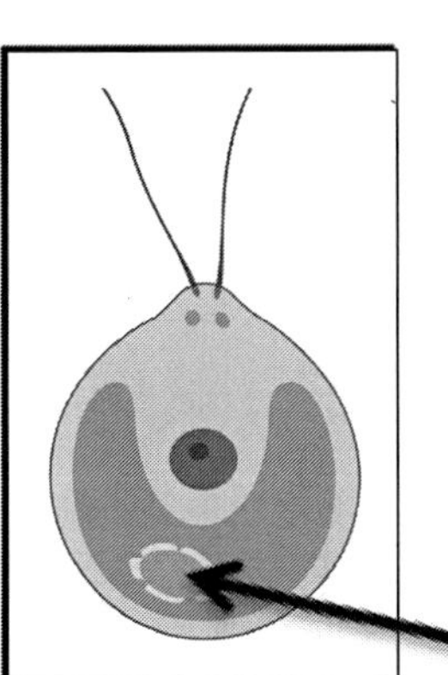

Das ist der Pyrenoid.

Aufgabe 7: **a)** *Beschreibe mit deinen Worten ganz kurz den Vorgang der Photosynthese.*

b) *Erkläre, wozu der Pyrenoid dient.*

2 Die kleinen Lebewesen

Vermehrung – Mitose und Meiose

Die Zellteilung – Mitose

Aufgabe 8:

Die Vermehrung der Einzeller geschieht durch die sogenannte Zellteilung (Mitose), bei der sich der Einzeller in zwei völlig gleiche Zellen teilt.

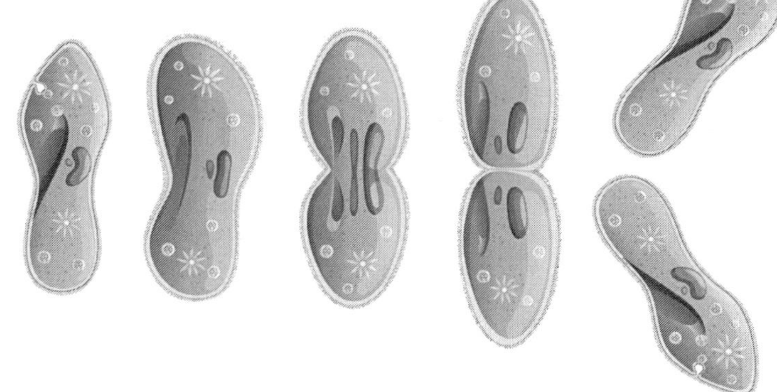

Schreibe auf, was in jeder Phase geschieht:

1	
2	
3	
4	
5	

Vermehrung mit Eizelle und Schwärmzelle – Meiose

Die **Meiose** ist eine besondere Form der Kernteilung. Man kann sie auch als Reifeteilung bezeichnen. Sie läuft grundsätzlich in zwei Schritten ab.
Ziel der Meiose ist es, Zellen mit einem einfachen Chromosomensatz herzustellen. Ein haploider Chromosomensatz umfasst genau **23 Chromosomen**.
Diese Zellen können zum Beispiel Eizellen (**Oozyten**) oder Samenzellen (**Spermien**) sein.
Diese Keimzellen oder auch Gameten vermischen sich bei der Befruchtung. Die Eizelle wird dabei vom Spermium befruchtet. Die befruchtete Eizelle hat dann wieder die vollständigen Chromosomen mit **46 Stück**.

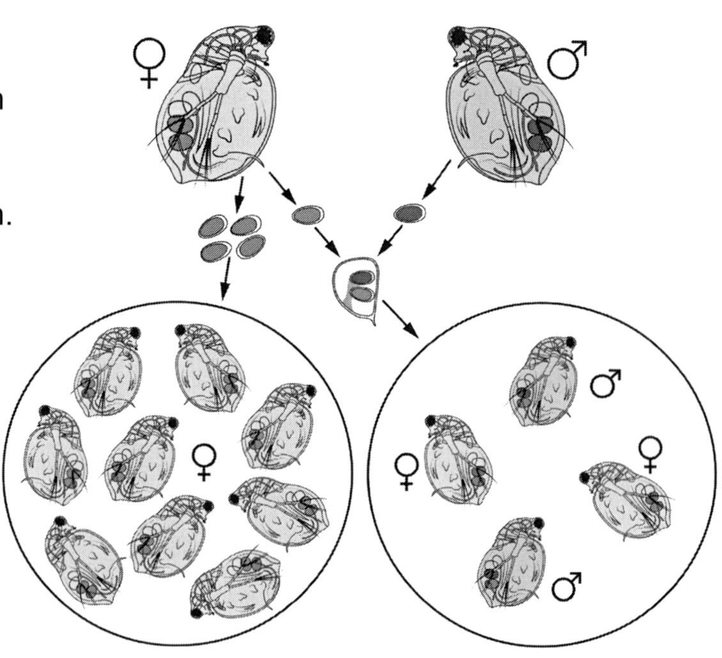

Aufgabe 9:
a) *Was sind Oozyten und Spermien?*
b) *Wie viele Chromosomen haben diese beiden Zellarten?*
c) *Was machen sie bei der Befruchtung?*
d) *Wie viele Chromosomen haben sie anschließend wieder?*

Die Nahrungskette im Wasser

Grüne Pflanzen betreiben Photosynthese und stellen dabei Sauerstoff her. Pflanzen werden auch als „Erzeuger" oder „Produzenten" bezeichnet, denn sie liefern den anderen Arten – den so genannten „Verbrauchern" oder „Konsumenten" – ihre Nahrung. Am Anfang der Nahrungskette stehen also immer Pflanzen.
Es entstehen unterschiedlich lange Nahrungsketten, in denen von Pflanzen aufgebaute Stoffe in tierische Nährstoffe „umgewandelt" werden.
Auch die Zersetzer (Destruenten) spielen eine wichtige Rolle, denn sie bauen abgestorbene Pflanzenteile und Reste von toten Tieren ab. Sie bilden einen entscheidenden Teil des Stoffkreislaufs, indem sie den Produzenten wieder die anorganischen Stoffe zur Verfügung stellen.

- Die Pflanzen (**Produzenten, Erzeuger**) stellen aus Kohlendioxid und Sonnenenergie Zucker und Sauerstoff her. z. B. Algen, Bakterien …
- Die Pflanzen werden anschließend von **pflanzenfressenden Tieren** (1. Verbraucher, Primärkonsument) verspeist. z. B. Wimperntierchen, Rädertierchen, Wasserflöhen …
- Die Pflanzenfresser werden wiederum von anderen Tieren gefressen (2. Verbraucher, **Sekundärkonsumenten**). z. B. kleine Fische …
- Eine Nahrungskette kannst du immer weiter fortsetzen, bis du beim **Endkonsumenten** (auch Spitzenprädator) angelangst. Er hat kaum Fressfeinde und ist das Ende der Nahrungskette. Z. B. großer Fisch, Hecht, Fischreiher, Fischotter …
- Die **Destruenten** zersetzen tote pflanzliche oder tierische Bestandteile, z. B. Pilze, Bakterien und Krebse.

Aufgabe 10:

a) *Bilde aus diesen Lebewesen Nahrungsketten:*

1. Igel / Schnecken / Uhu / Kräuter
2. Eichhörnchen / Adler / Nüsse / Falken
3. Marder / Blätter / Amsel / Ameise
4. Mais / Maus / Raubvogel / Schlange

b) *Findet weitere Nahrungsketten im Wasser, im Wald …*

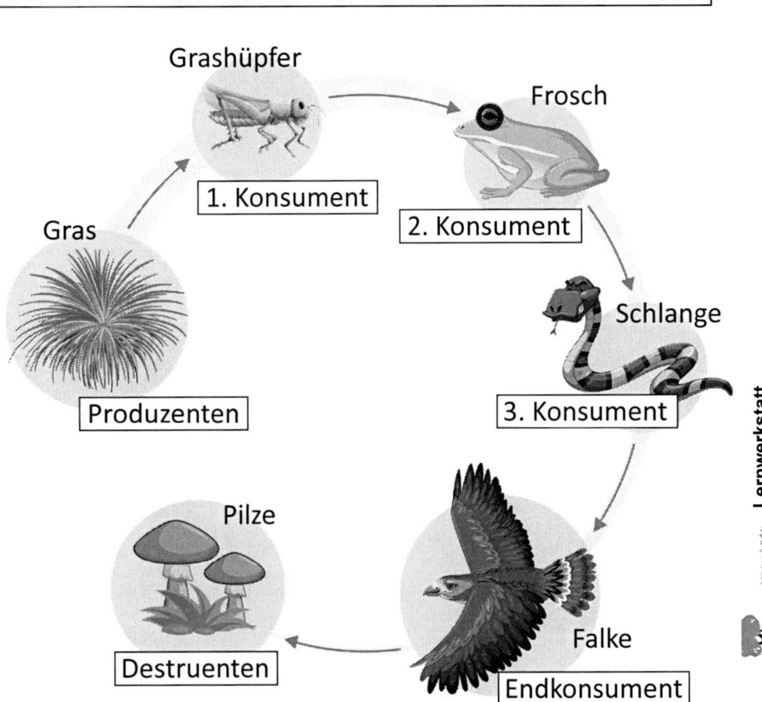

Lernwerkstatt Lebewesen unter dem Mikroskop – Bestell-Nr. 12 691
KOHL VERLAG

2 Die kleinen Lebewesen

Das Nahrungsnetz

Nahrungsketten zeigen Nahrungsbeziehungen zwischen Lebewesen in einer Linie. Eine Nahrungskette besteht aus einem Produzenten und mehreren Konsumenten. Ein Nahrungsnetz besteht aus vielen miteinander verknüpften Nahrungsketten.

Einer Maus ordnet man als Nahrung Samen, Nüsse und Insekten zu. Gleichzeitig hat sie Fressfeinde, wie Katzen, Greifvögel und Füchse. Greifvögel fressen außerdem Eichhörnchen und kleine Vögel. Die Eichhörnchen verspeisen auch Nüsse. Dieses Netz kann man für jedes Lebewesen immer weiter so fortsetzen.

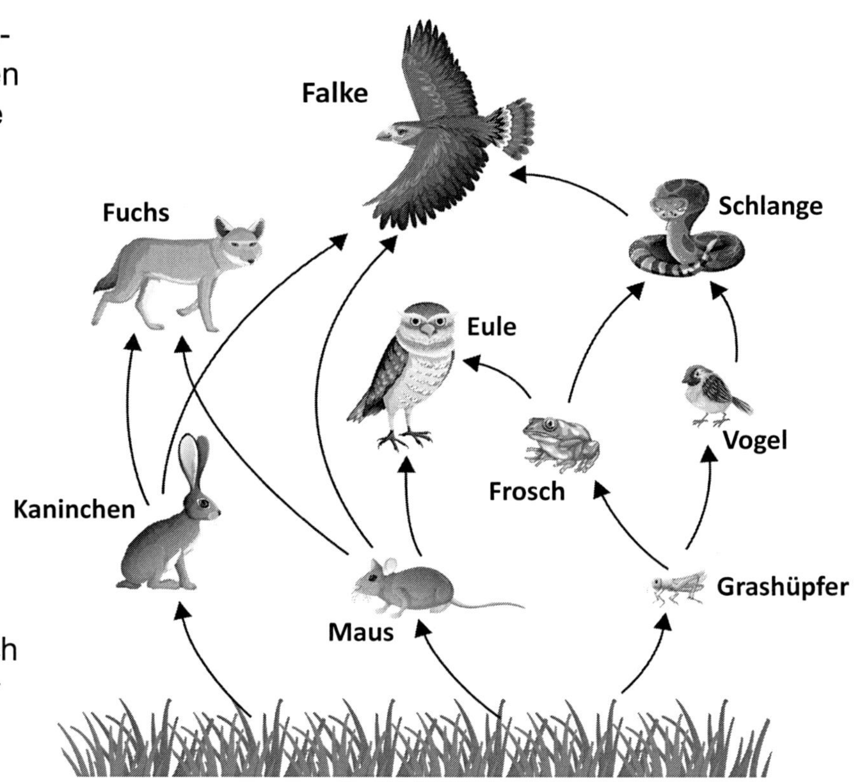

Aufgabe 11: *Forscht nach und erstellt für die Lebewesen am und im Wasser ein Nahrungsnetz. Wer frisst wen, wer wird gefressen?*

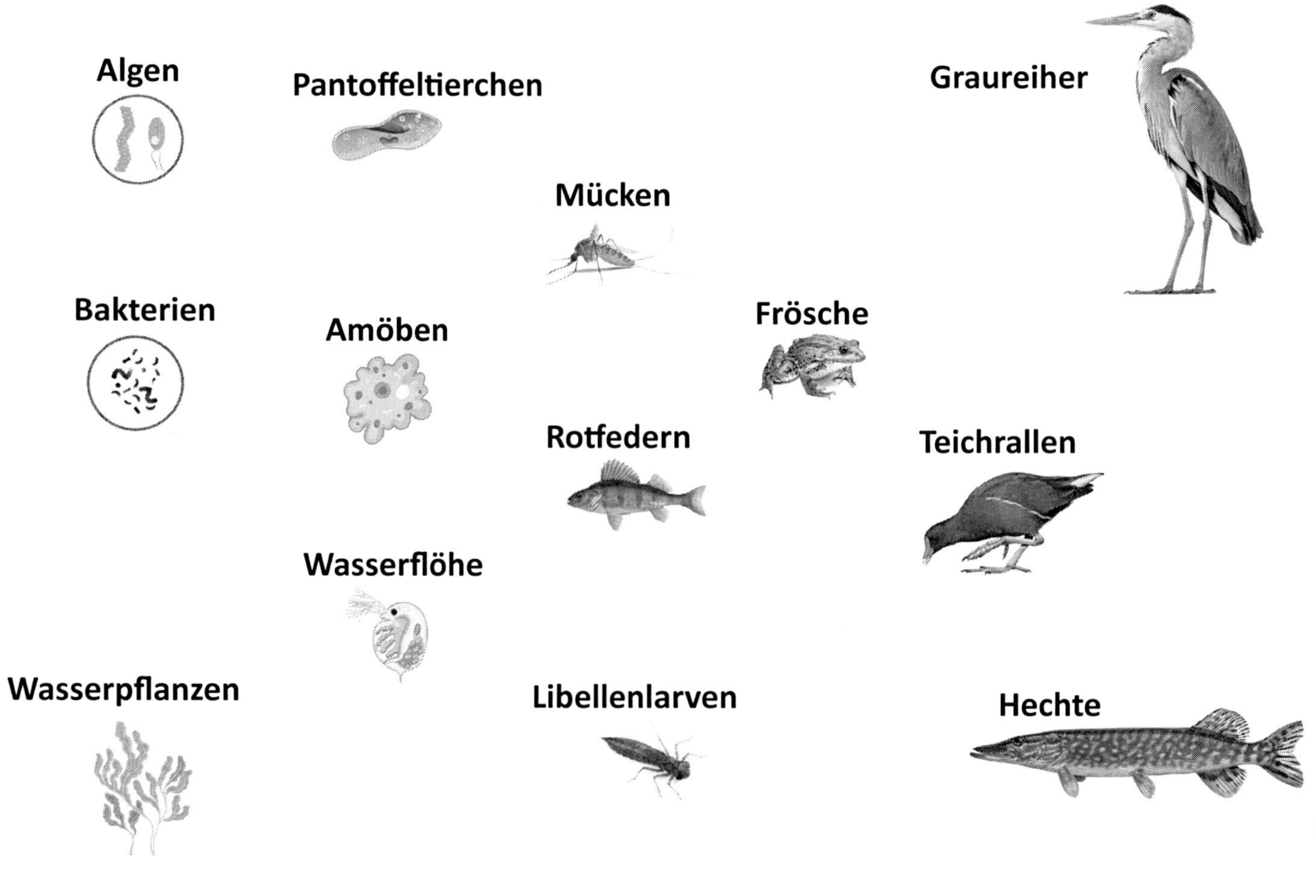

Algen

Pantoffeltierchen

Graureiher

Mücken

Bakterien

Amöben

Frösche

Rotfedern

Teichrallen

Wasserflöhe

Wasserpflanzen

Libellenlarven

Hechte

3 Aufzuchtstationen

Der Heuaufguss

Vor allem Heu von möglichst nassen Sumpfwiesen, Stroh und welkes Laub eignen sich zum Herstellen eines Aufgusses.
Das abgestorbene Pflanzenmaterial wird zusammen mit Tümpelwasser in ein Einmachglas gegeben. Die Verwendung von Leitungswasser ist auch möglich, aber dann dauert die Entwicklung der Tierchen länger.
Der Ansatz sollte in einem warmen Raum in Fensternähe stehen. Direkte Sonneneinstrahlung ist jedoch zu vermeiden.
Nach wenigen Tagen bildet sich an der Wasseroberfläche eine Bakterienschicht. Unter diesen Bedingungen schlüpfen die Protozoen aus ihren Dauerzysten und vermehren sich rasch.
Nach etwa ein bis zwei Wochen treten Pantoffeltierchen und andere Kleinstlebewesen in großen Mengen auf. Langsam stellt sich ein natürliches Gleichgewicht in Artenzahl und Menge ein.

Wichtig: Es können sich im Ansatz auch krankmachende Organismen vermehren. Daher ist auf Hygiene im Umgang mit dem Aufguss (z. B. gründliches Händewaschen nach dem Mikroskopieren) unbedingt zu achten!

Aufgabe 1: *Schreibt zu jedem der Bilder auf, was getan werden muss.*

________	________	________	________	________

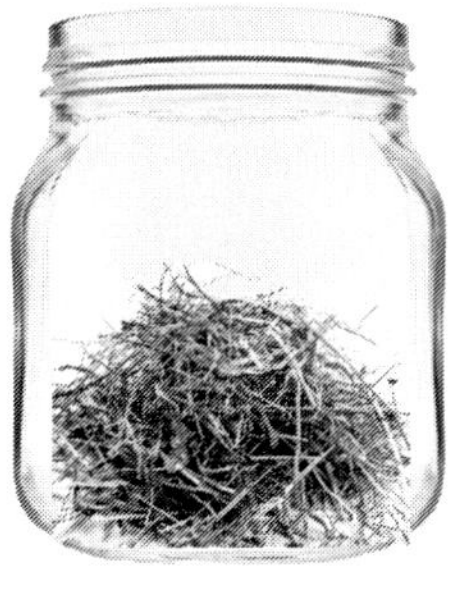

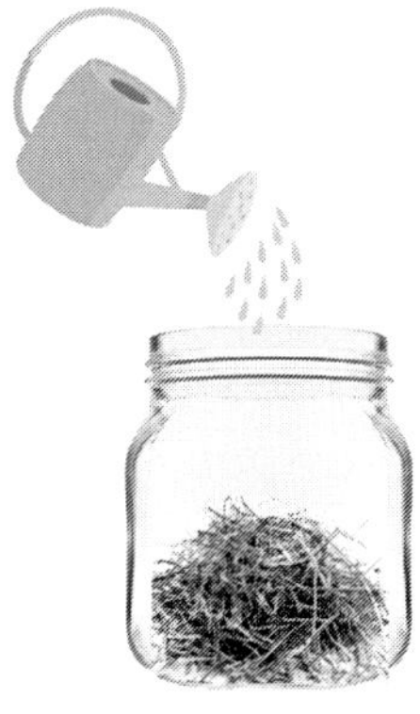

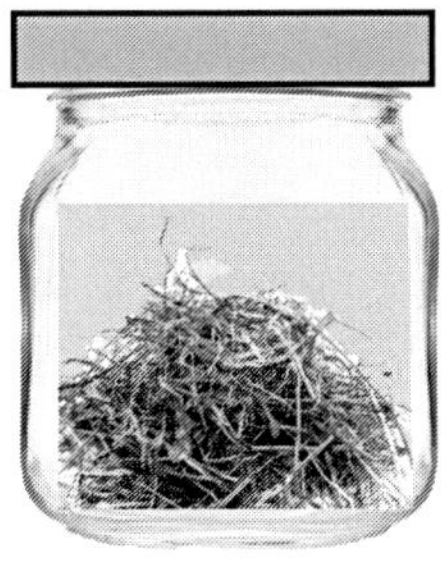

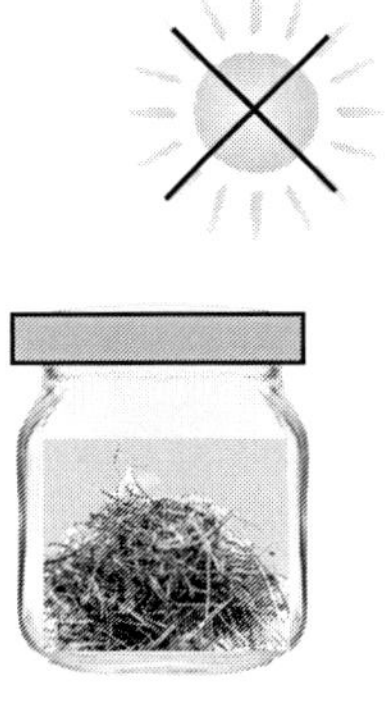

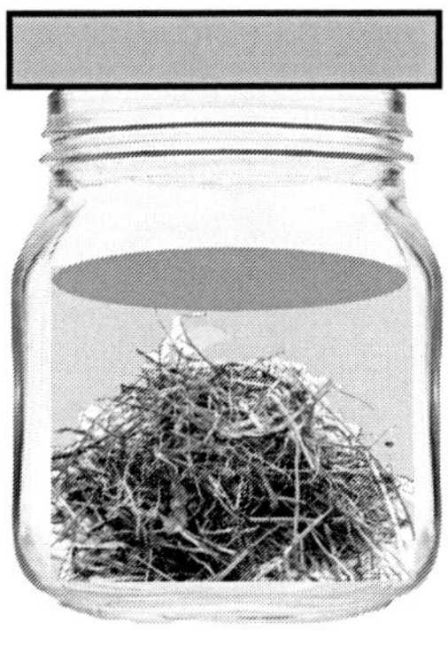

3 Aufzuchtstationen

Entwicklung im Heuaufguss

1. Tag: Es geschieht noch nicht viel, nur das Wasser wird ein wenig gelblich.

3. Tag: Das Wasser wird dunkler. Das Heu ist etwas zu Boden gesunken. Es riecht ein wenig modrig.

4. Tag: Das Wasser ist noch dunkler geworden, das Heu ist auf den Boden gesunken. An der Wasseroberfläche hat sich eine dünne Schicht gebildet, die Kahmhaut. Hier wachsen die Bakterien. Der Geruch hat sich verstärkt.

5. Tag: Es riecht noch stärker nach modrigem Wasser. An den Wänden des Glases haben sich Algen gebildet. Die Bakterien wachsen weiter.

7. Tag: Der Geruch wird unangenehmer. Sind genügend Bakterien gewachsen, stellen sich die Räuber ein, die sich von ihnen ernähren: z. B. Heutierchen und Glockentierchen.

2. Woche: Das Wasser ist nun kräftig braun, der modrige Geruch ist weniger geworden. Es gibt von Tag zu Tag mehr Kleinstlebewesen, wie z. B. Sonnentierchen und Augentierchen.

4. Woche: Unter anderem sind Pantoffeltierchen, Hüpferlinge, Wasserflöhe und Rädertierchen zu sehen. Zum Schluss entwickeln sich die Amöben, die sich wiederum von Pantoffeltierchen und anderen Einzellern ernähren.

Selten kommt es zu einem stabilen Ökosystem, in dem alle genannten Lebewesen gleichzeitig nebeneinander existieren können. Dazu ist das Glas meist zu klein, so dass die eine Gruppe eine andere mit Sicherheit vollständig auffressen wird und dann am Ende, aufgrund von Nahrungsmangel; selbst zugrunde geht.

Aufgabe 2: *Setze die Tierchen so in das Gitter ein, dass sich das Lösungswort in den blauen Kästchen ergibt.*

				A																	
							A														
			G																		
				H																	
				R																	
		H																			
S																					
			W																		
					P																

3 Aufzuchtstationen

Das kann man im Heuaufguss finden

Wimpertierchen (Ciliata)
Pantoffeltierchen besitzen ein Wimpernkleid. Ihre Größe schwankt zwischen 50 u. 300 µm.

Geißelträger (Flagellata)
Augentierchen sind meist schwer sichtbar. Es besitzt einen roten „Augenfleck“ an der Geißelbasis. Sie werden um die 50 µm groß.

Wurzelfüßer
Wechseltierchen (Amöben) – Gefräßige Einzeller ohne feste Gestalt, frisst Heubazillen bis Pantoffeltierchen und wird 200 – 800 µm groß.

Rädertierchen
sind echte Vielzeller mit Längen von 0,03 – 3 mm. Das Räderorgan am Kopf ist ein Wimpernkranz, mit dem sich die Tiere fortbewegen und auch ihre Nahrung herbeistrudeln.

Aufgabe 3: *Kreuzt an, welche Tierchen ihr gefunden habt. Schreibt das Datum dazu.*

Glockentierchen	**Heutierchen**	**Hüpferlinge**	**Rädertierchen**
Wechseltierchen	**Pantoffeltierchen**	**Augentierchen**	**Trompetentierchen**
Sonnentierchen	**Wasserflöhe**	**Bärtierchen**	**Nasentierchen**

Lernwerkstatt
Lebewesen unter dem Mikroskop – Bestell-Nr. 12 691

3 Aufzuchtstationen

Das Aufzucht-Aquarium

Ähnlich wie einen Heuaufguss kann man auch einen Mini-Zoo anlegen. Schon nach gut einer Woche zeigt die mikroskopische Betrachtung Algen oder z. B. Wimpertierchen. Am einfachsten ist es, zwei Objektträger an einem großen Korkstopfen als Schwimmboje aufzuhängen. Bald haben sich kleine Bewohner dort angesiedelt.

Ihr braucht:

- ein kleines Aquarium oder anderes großes Glas
- Wasserpest (aus dem Zoofachgeschäft)
- Wasser zum Füllen
- Wasser aus Teich oder Tümpel o. Ä. zum Beimpfen
- als Nahrung 2 Stückchen getrocknete Kohlrabi (etwa 1 x 1 cm), auf der Heizung trocknen. Oder wöchentlich einen Tropfen Milch.

So geht es:

- füllt das Gefäß mit Wasser
- fügt die Wasserpest hinzu
- beimpft es mit Teich- oder Tümpelwasser (je nach Größe des Gefäßes 3–4 Pipetten)
- gebt die Kohlrabi hinzu
- stellt das Glas ans Fenster, an einen nicht zu sonnigen Platz

Aufgabe 4: *Finde im Gitter 12 Wörter, die zum Mikroskopieren der Wasserpest gehören.*

E	D	I	T	E	I	C	H	G	E	S	N	L
L	W	U	N	E	T	U	M	I	U	O	U	Z
K	A	Q	U	A	R	I	U	M	T	N	E	G
A	S	T	I	K	L	O	S	E	R	N	R	O
U	S	P	E	R	S	U	K	I	L	E	B	S
F	E	N	S	T	E	R	V	E	R	N	E	T
O	R	O	S	I	N	A	N	T	E	R	I	R
P	P	S	C	H	W	I	D	E	M	L	M	Ö
L	E	N	A	H	R	U	N	G	A	S	P	S
A	S	L	O	C	H	W	E	L	D	E	F	A
T	T	Ü	M	P	E	L	W	A	S	S	E	R
Z	U	N	D	R	I	K	E	S	J	A	N	I
K	O	H	L	R	A	B	I	B	E	R	L	I
A	H	D	E	O	H	E	I	Z	U	N	G	F

Aufzuchtstationen

Wir untersuchen das Wasser: Pfütze, Bach, Tümpel, See …

Schaut man sich einen Tropfen Wasser aus einem Teich, See oder einer Pfütze unter dem Mikroskop an, sieht man, dass sich Dutzende von Kleinstlebewesen auf dem Objektträger tummeln: Wasserflöhe, Blaualgen, Rädertierchen, Bärtierchen, Grünalgen und viele mehr.
Einige Lebewesen kann man mit bloßem Auge erkennen, die meisten aber sieht man nicht, weil sie so klein sind. Doch ein genauerer Blick lohnt sich. In nur einem einzigen Tropfen können sich nämlich tausende Mikroorganismen befinden. Sie wachsen heran, vermehren sich und fressen sich gegenseitig. Die Bakterien zersetzen organische Reste von Blättern oder anderen Pflanzenteilen und stellen so den Algen Nährstoffe zur Verfügung. Die Algen besiedeln kleine Steine oder auch Äste. Zusammen mit den Bakterien landen sie aber auch auf der Speisekarte von Wimpertierchen. Die wiederum haben Kleinkrebse und Amöben zum Fressen gern.

Ihr braucht:

- ein Küchensieb (am besten aus Metall)
- einen weichen Pinsel
- ein durchsichtiges Glas
- eine weiße Schale oder einen weißen Teller
- Becherlupen oder Lupen
- Gummistiefel

Und so geht's:

1. Streicht mit dem Sieb durch das Wasser. Achtet dabei darauf, dass ihr immer gegen die Strömung streicht, damit die Tiere nicht aus dem Sieb gespült werden. Die meisten Tiere findet ihr am Boden, unter Steinen oder im Pflanzengestrüpp an den Rändern des Baches.
2. Nehmt die Tiere mit dem Haarpinsel aus dem Sieb und gebt sie in ein mit Bachwasser gefülltes Glas.
3. Gießt das Glas mit den Tierchen und dem Wasser in die weiße Schale, damit ihr sie besser untersuchen könnt.
4. Betrachtet die Tiere unter einem Mikroskop und bestimmt sie mit Hilfe der Seiten 54 und 55.

Lernwerkstatt
Lebewesen unter dem Mikroskop – Bestell-Nr. 12 691

3 Aufzuchtstationen

Vergleich: Unterschied Leitungswasser – Teichwasser

Wasser ist nicht gleich Wasser. Das kann man leicht erkennen, wenn man Wasser aus der Leitung und Wasser aus einem Tümpel, See, Bach oder einer Pfütze betrachtet. Auch wenn das Wasser aus der Leitung nicht viel anders aussieht als das aus dem See, ist hierin nicht viel zu entdecken.
Ganz anders bei unserer Gewässerprobe: Dutzende von Kleinstlebewesen tummeln sich hier. Einige der Bewohner sind aber sehr klein. Um welche es sich genau handelt, können wir kaum erkennen.

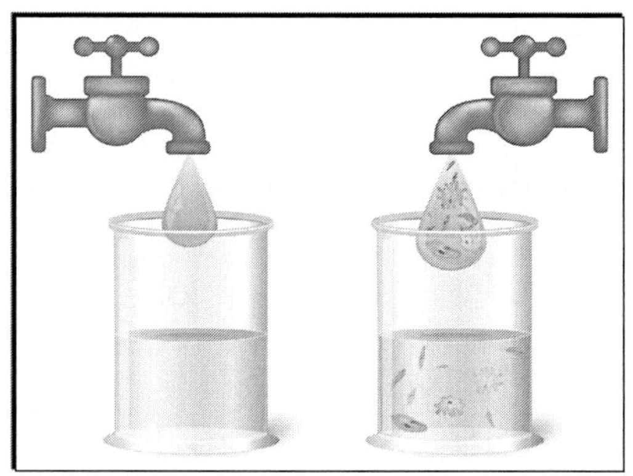

- So bringen wir mit einer Pipette einen Tropfen von jedem Wasser auf den Objektträger und legen vorsichtig ein Deckglas darüber.
- Das Präparat geben wir auf den Objekttisch. Wir wählen erst eine kleine Vergrößerung. Mit dem Grob- und Feintrieb stellen wir die Schärfe genau ein. Nun können wir an den kleinen Tierchen viele Einzelheiten erkennen. An einem Wasserfloh den Kopf mit den Antennen. Rädertierchen haben einen festen Panzer. Amöben verändern ihre Form.
- Die nächste Vergrößerung ermöglicht uns, einzelne Organe genauer zu beobachten. Das Auge eines Wasserflohs und sein rasend schnell schlagendes Herz.
- Mit noch stärkeren Objektiven gelingt beim Lichtmikroskop maximal eine rund 1000-fache Vergrößerung. Jetzt können wir z. B. die feinen Plasmastränge sehen, die die Zellen der Kugelalge verbinden.

Aufgabe 5: **a)** *Gebt an, welche Dinge ihr zur Untersuchung einer Wasserprobe benötigt.*

b) *Macht eine mikroskopische Zeichnung von den Kleinstlebewesen. Was habt ihr gesehen? Auf den Seiten 54 und 55 findet ihr Vergleichsmöglichkeiten mit Kleinstlebewesen.*

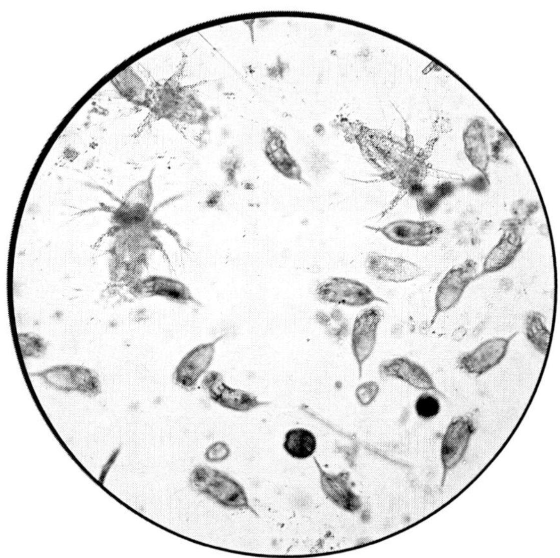

4 Die Tierchen – genau betrachtet

Das Pantoffeltierchen – Paramecium

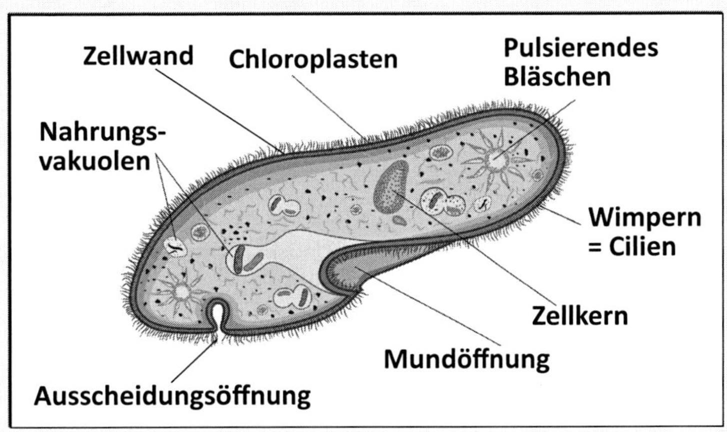

Pantoffeltierchen sind Einzeller. Sie gehören zur Gruppe der Wimpertierchen. Sie ernähren sich von Plankton. Bei ungünstigen Lebensbedingungen (z.B. Austrocknung) bilden sie Dauerstadien (= Cysten), die auch durch die Luft mit dem Wind verbreitet werden können.
Die meisten Vertreter trifft man in Gewässern wie Tümpeln, Teichen, Seen, Flüssen, aber auch in Wasserpfützen an. Die Wimpern dienen der Fortbewegung, aber auch der Nahrungsaufnahme. Das Pantoffeltierchen kann bis zu 0,3 mm groß werden.
Man muss die Probe unter dem Mikroskop schon mit einem Verdickungsmittel versetzen, um die Fortbewegung genau betrachten zu können. Dann erkennt man, dass es sich während des Schwimmens um seine eigene Achse dreht und dabei kleine Nahrungspartikel aufnimmt. Wenn es auf ein Hindernis stößt, hält es an und ändert seinen Wimpernschlag, sodass es nun rückwärts schwimmt. Dann macht es einen Bogen und bewegt sich auf einem anderen Kurs wieder vorwärts.
Wimperntiere fressen so ziemlich alles, was ihnen in den Weg kommt. Das können Bakterien, Algen, Rädertiere und sogar andere Wimpertierchen sein. Erstaunlich weit entwickelt ist bei den Wimpertierchen bereits das Verdauungssystem. Aufgenommene Nahrungsteilchen werden in Vakuolen zwischengelagert und dort zersetzt. Die Beute wird in diesen Vakuolen mithilfe von Enzymen in ihre Bestandteile zerlegt, wie sie auch bei höheren Tieren und beim Menschen zu finden sind. Die gelösten Bestandteile nimmt die Zelle dann auf, unverdautes Material wird ausgeschieden.

Aufgabe 1: **a)** *Was ist Plankton? Erkläre.*

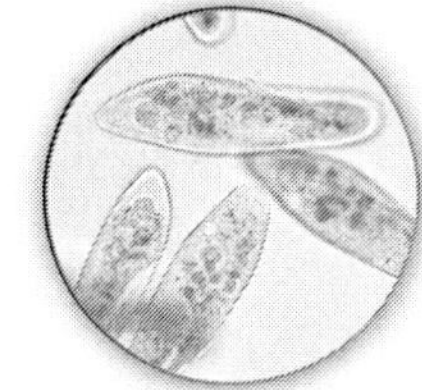

b) *Ergänze die Tabelle.*

Nr.	Bezeichnung	Aufgabe
1	Zellafter	
2	Zellmund	
3	Mundfeld	
4	Wimpern	
5	Zellhaut, Membran	
6	Zellkern	
7	Nahrungsbläschen	
8	Zellplasma	
9	Pulsierendes Bläschen	

4 Die Tierchen – genau betrachtet

Gefärbte Pantoffeltierchen

Kernfärbung mit Methylblau

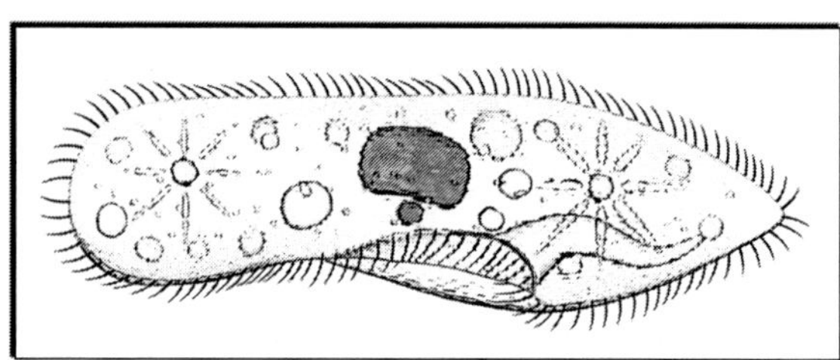

Als reiner Farbstoff erscheint Methylenblau als dunkelgrünes Pulver, beziehungsweise als Kristalle. Für das schnelle Anfärben nutzt man Methylenblau. Hierfür werden zwei Tropfen Methylenblau auf den Objektträger gegeben. Ein Tropfen Wasser mit Pantoffeltierchen (aus dem Heuaufguss) wird anschließend direkt in den Tropfen gelegt. Ein wenig mischen und ein Deckglas auflegen.

Pantoffeltierchen, gefüttert mit gefärbten Hefezellen

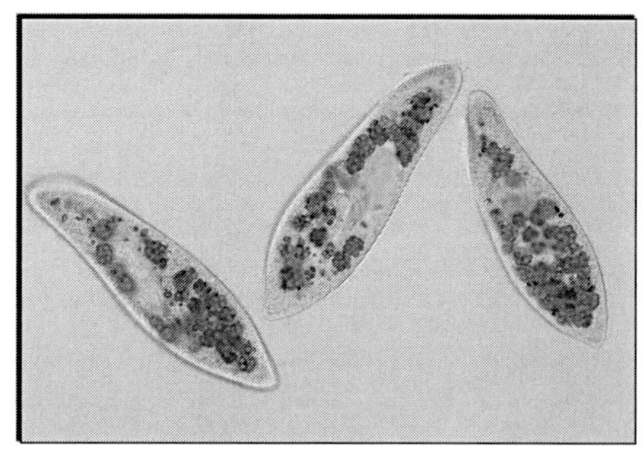

Der Farbstoff Kongorot kann zum Färben von Hefen verwendet werden. Nimmt ein Einzeller diese Hefen auf, kann der Weg der Nahrung gut im Lichtmikroskop beobachtet werden.

Herstellung von Kongorothefe

Eine Messerspitze frische Backhefe wird in ca. 100 ml Leitungswasser verteilt und unter Rühren wenige Minuten aufgekocht und Kongorot zugegeben (weniger als eine kleine Messerspitze). Dabei wird die Chitinhülle (der Zellwand) der Hefezellen zerstört und der Farbstoff Kongorot kann in die Hefezellen eindringen.

Färbung des Wimpernfeldes mit Opalblau – Ausstrichpräparat

Man nimmt einen Tropfen Wasser mit Pantoffeltierchen und setzt ihn auf einen Objektträger. Mit einem zweiten, schräg angesetzten Objektträger verstreicht man das Wasser zu einem dünnen Film. Meistens werden diese Präparate noch gefärbt.

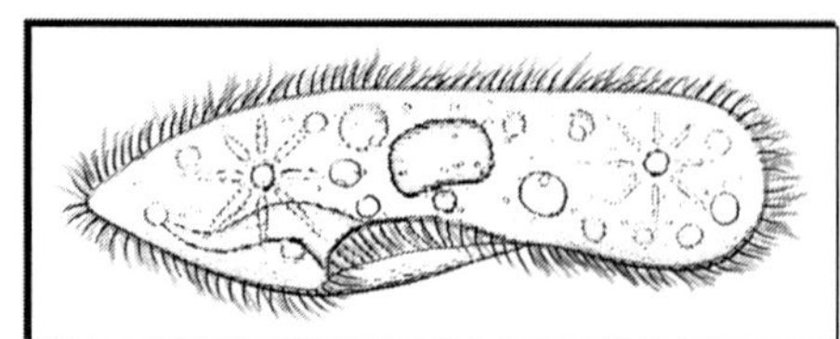

- 1 kleine Spatelspitze Opalblaupulver in wenigen ml Wasser auflösen
- Pantoffeltierchen in einem Wassertropfen auf Objektträger bringen
- 1 Tropfen Opalblaulösung hinzugeben und gut mischen
- mit zweitem Objektträger ausstreichen
- trocknen lassen und ohne Deckglas mikroskopieren.

Den Trocknungsvorgang kann man gut unter dem Mikroskop beobachten, die Nahrungsvakuolen füllen sich mit blauen Körnchen.

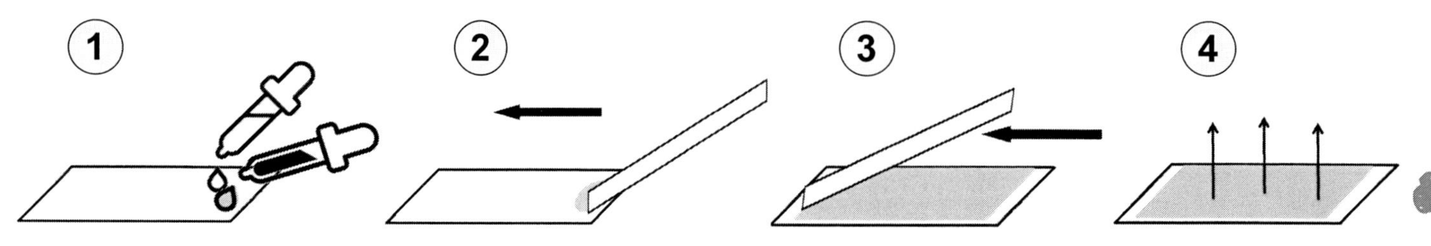

4 Die Tierchen – genau betrachtet

Heutierchen, Trompetentierchen, Glockentierchen

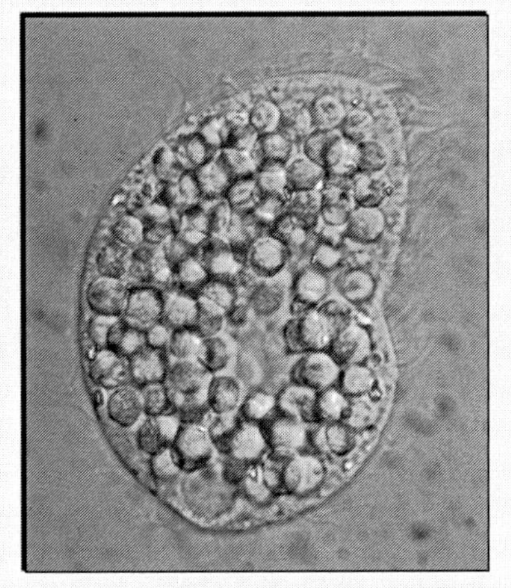

Das Heutierchen – Colpoda
Das Heutierchen lebt im Süßwasser, in Gewässern mit faulenden Pflanzenteilen. In Mitteleuropa sind sie sehr zahlreich verbreitet. Es ist ein einzelliges Wimpertierchen und hat die Form einer Bohne. Die linke Körperseite ist dabei vor der Mitte eingekerbt. Auf der Bauchseite setzt sich die Kerbe ins Körperinnere fort in Form eines langgezogenen Trichters. Der Grund des Trichters ist dicht bewimpert und fächert (strudelt) die Nahrung zum Zellmund. Die Größe der Heutierchen liegt zwischen 50 und 120 µm. Seine Nahrung sind Bakterien.
Man kann sie gut unter dem Mikroskop erkennen. Heutierchen vermehren sich z. B. in einem Heuaufguss. Man beobachtet schnelle Bewegungen, vielleicht eine Teilung und die Nahrungsaufnahme.

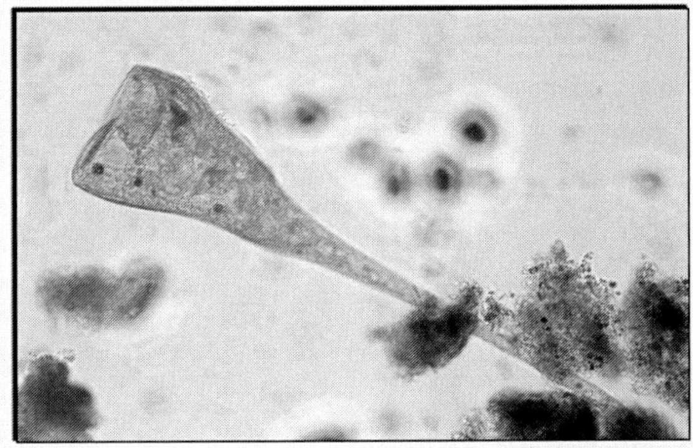

Das Trompetentierchen – Stentor
Dieses Wimpertierchen ist eines der größten Einzeller überhaupt: es wird bis 2 mm lang und erinnert an eine Trompete. Strukturen im Inneren ermöglichen es dem Trompetentierchen, flexibel ihre Form zu ändern. Sie erscheinen dann oft langgestreckt oval. Trompetentierchen kommen nur im Süßwasser vor. Meist sitzen sie mit ihrem spitzen Körperende auf dem Untergrund. Sie können sich aber vom Untergrund ablösen und schwimmen mit Hilfe ihrer Wimpern (Cilien) umher, um sich an einem neuen Standort wieder festzusetzen. Sie ernähren sich von Bakterien. Häufig treten Trompetentierchen in Kolonien auf.

Das Glockentierchen – Vorticella
Das Glockentierchen ist mit einem langen Stift mit dem Untergrund verbunden. Meistens sitzen sie auf einer Wasserpflanze, doch können sie auch die Körper von kleinen und größeren Wassertierchen besiedeln. Bei Gefahr kann der Stiel spiralförmig zusammengezogen werden. Sie können sich vom Untergrund lösen und mit ihren Wimpern schlagend fortbewegen, um sich bald wieder an einer geeigneten Stelle festzusetzen. Es wird 50 bis 150 µm groß und lebt gerne in Kolonien. Es ernährt sich von Bakterien, die es sich mit seinem Wimpernkranz herbeistrudelt.

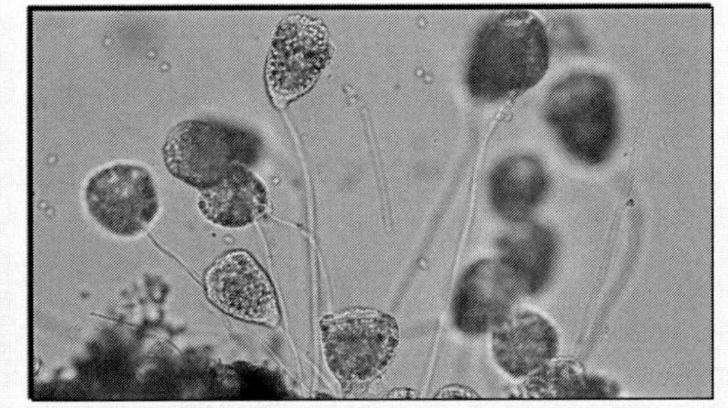

Lernwerkstatt
Lebewesen unter dem Mikroskop – Bestell-Nr. 12 691

4 Die Tierchen – genau betrachtet

Das Nasentierchen – Didinium

Nasentierchen haben einen tonnenförmigen Körper und weit vorstehendem Mundkegel. Um das Tierchen herum zieht sich ein Gürtel aus zwei schmalen Wimpernreihen. Ein weiterer solcher Wimperngürtel verläuft am Vorderende unmittelbar an der „Schulter", dem Rand zum vorderen Mundbereich. Die restliche Zelle ist weitgehend unbewimpert. Die Mundöffnung ist zur Nahrungsaufnahme fähig, da sie sich extrem weiten kann.

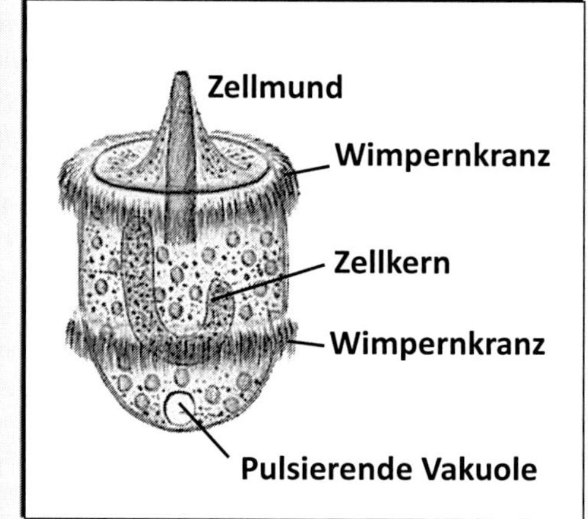

Die bekannteste Art ist Didinium nasutum (ca. 80 – 150 µm Durchmesser), das in leicht verunreinigten Teichen und Seen sowie an der Kahmhaut von Pfützen lebt. Nasentierchen fressen am liebsten Pantoffeltierchen, die ganz verschlungen oder ausgesaugt werden.
Berührt das Didineum mit seiner Nasenspitze ein Pantoffeltierchen, so schießt es sofort eine giftige Substanz aus seinem Mundkegel ab. Das Pantoffeltierchen reagiert seinerseits mit der Abgabe vieler Trichocysten, doch diese können es nicht retten. Es ist augenblicklich gelähmt und wird von Nasentierchen im Ganzen verschlungen. Obwohl die Beute ihren Jäger an Größe übertrifft, ist dieser Schlingakt meist nach wenigen Minuten abgeschlossen.

Aufgabe 2:

a) *Wovon ernähren sich Heutierchen, Glockentierchen und Trompetentierchen?*

b) *Welche Wimperntierchen können sich von ihrem Untergrund lösen?*

c) *Wie heißt eines der größten Wimpertierchen?*

d) *Forsche nach: Was sind Trichocysten?*

e) *Beobachte im Lichtmikroskop die Nahrungsaufnahme des Didinium nasutum.*

f) *Wie verspeist ein Nasentierchen ein Pantoffeltierchen? Beschreibe es mit treffenden, spannenden Worten. Schau dazu auf die Bilder.*

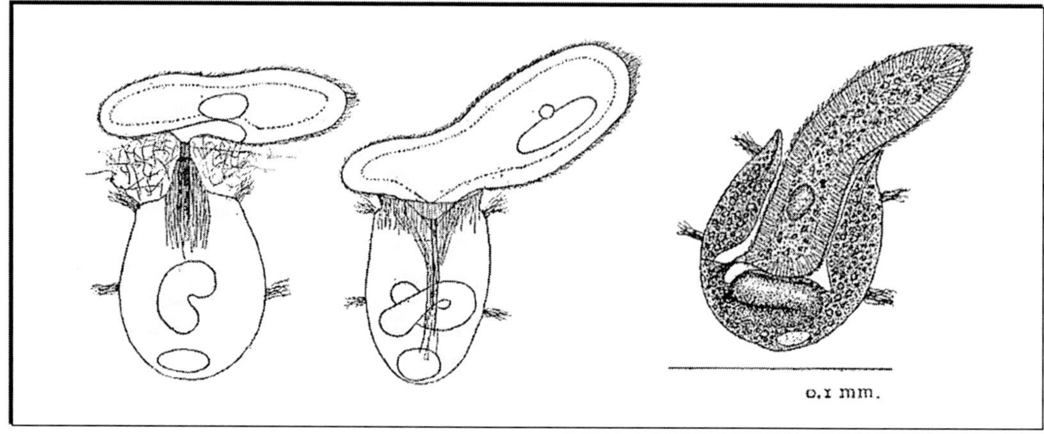

4 Die Tierchen – genau betrachtet

Das Wechseltierchen – Amöbe

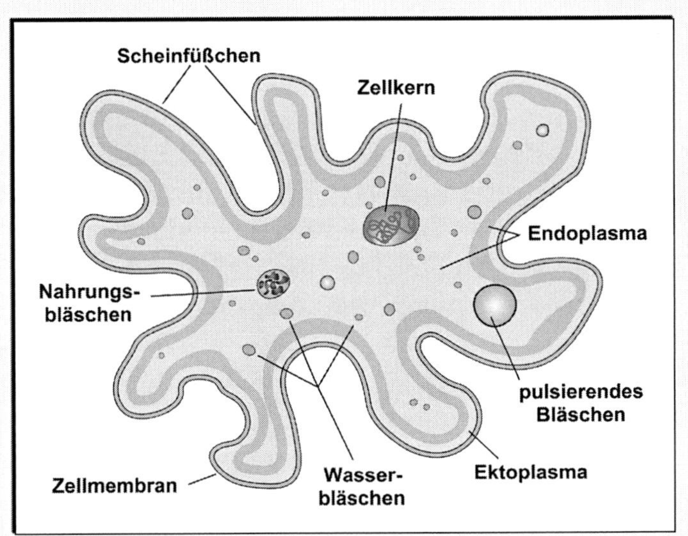

Die Amöbe ist durchsichtig und nur etwa 0,1 mm bis = 0,5 mm groß. Sie können durch Ausstülpungen ihrer „Füße" ständig die Form verändern. So nennt man sie auch Wechseltierchen. Amöben gehören zu den Einzellern.
Zur Fortbewegung bilden Amöben die Scheinfüßchen aus. Sie kriecht auf festem Untergrund in Gewässern und bewegt sich vorwärts, seitwärts und rückwärts, indem sie ihr Plasma verschiebt. Man nennt das „Pseudopodium (= Scheinfüßchen)" – es sind keine echten Füße, sondern veränderliche Plasmaausstülpungen, die wie Füße aussehen. Meist sind sie lappenartig, finger- oder strahlenförmig.
Das Endoplasma enthält alle zentralen Organellen wie den Zellkern, Mitochondrien sowie Nahrungsvakuolen und andere Bestandteile der Zelle.
Amöben fangen ihre Beute, Bakterien und kleinere Einzeller, indem sie diese mit ihren Scheinfüßchen umfließen und dann in ihrem Körper innerhalb von Nahrungsvakuolen einschließen und verdauen. Die Reste werden ausgeschieden.

Aufgabe 3: **a)** *Wozu benutzt die Amöbe ihre „Scheinfüßchen"?*

b) *Beschreibe, wie die Amöbe sich fortbewegt! Schaue dazu auf die Zeichnung links unten.*

c) *Erkläre, wie die Amöbe ihre Nahrung zu sich nimmt. Betrachte die Zeichnung rechts unten. Beschrifte Bakterien, Nahrungsvakuole, Zellkern, Zellmembran und Ausscheidungsöffnung.*

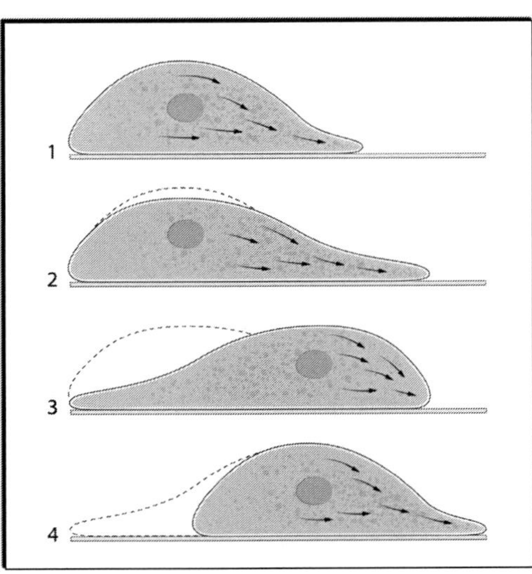

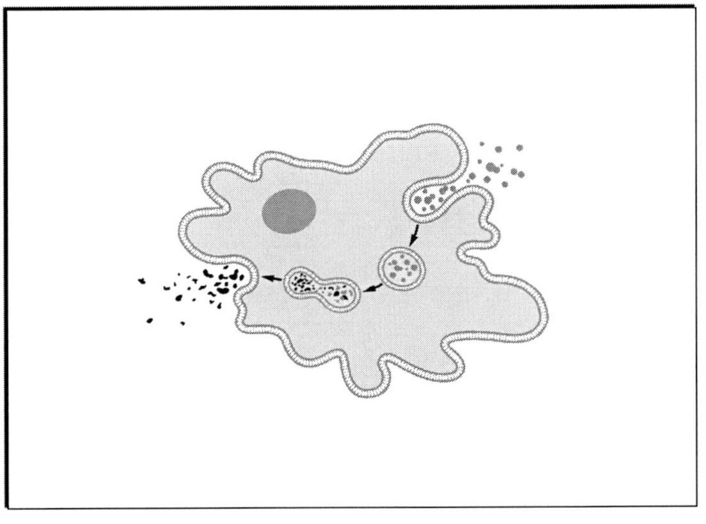

4 Die Tierchen – genau betrachtet

Die Sonnentierchen – Heliozoa

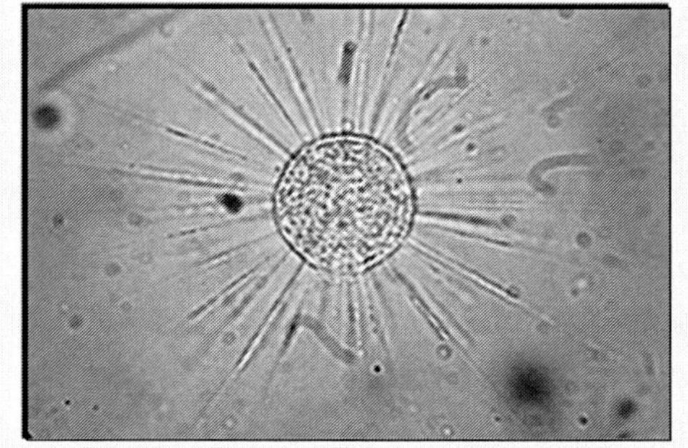

Die kugelförmigen Sonnentierchen bilden unzählige Scheinfüßchen, die strahlenförmig in alle Richtungen ausgestreckt werden können. Diese Füßchen dienen nicht der Fortbewegung, sondern dem Beutefang und verhindern das Absinken. Die Tierchen umschließen ihre Beute und verdauen sie anschließend in einer Nahrungsvakuole.
Es ist ein Einzeller und hat einen Durchmesser von etwa 40 bis 50 µm. Sonnentierchen leben hauptsächlich als Plankton im Süßwasser. Das Tierchen kommt in allen Gewässertypen vor, in Tümpeln, Gartenteichen, in Seen oder in langsam fließenden Gewässern. Meist hält sich das Sonnentierchen zwischen Algen und Wasserpflanzen auf.

Aufgabe 4: *Beantworte die folgenden Fragen. Du erhältst ein Lösungswort.*

a) Welche Tierchen mit Scheinfüßchen kennst du? (evtl. 2 Antworten richtig)

Amöbe	**W**	Sonnentierchen	**A**	Hüpferlinge	**T**

b) Womit erbeuten Wechseltierchen ihre Nahrung?

mit den Händen	**E**	mit dem Mund	**N**	mit den „Füßen“	**S**

c) Wie bewegen sie sich fort?

springen	**F**	fliegen	**L**	kriechen	**S**

d) Zu welcher Gruppe gehören sie?

Vielzeller	**O**	Einzeller	**E**	Bakterien	**Z**

e) Wie groß wird das Sonnentierchen?

0,5 mm	**C**	0,05 mm	**R**	0,005 mm	**H**

f) Wie viele Pseudopodien hat das Sonnentierchen?

5-10	**G**	5-15	**E**	unzählige	**L**

g) Wo lebt das Sonnentierchen hauptsächlich?

im Salzwasser	**R**	im Süßwasser	**A**	überall	**I**

h. Wozu dienen die „Pseudofüßchen“? (2 Antworten richtig)

der Fortbewegung	**U**	verhindern Absinken	**F**	zum Beutefang	**K**

4 Die Tierchen – genau betrachtet

Das Augentierchen – Euglena

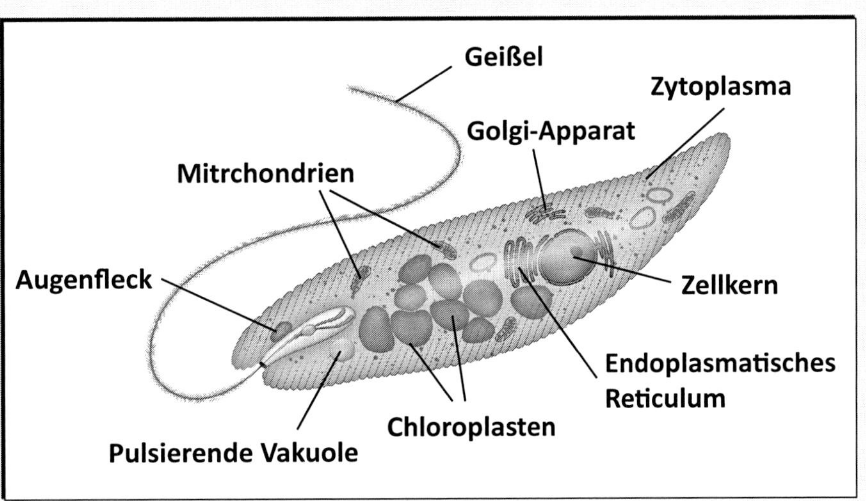

Das Augentierchen verdankt seinen Namen einem **Augenfleck** in der Zelle, der auf Lichtreize reagiert. Damit erkennt das Tier Lichtquellen und kann sich mit seiner Geißel dorthin gerichtet fortbewegen. Es wird nur etwa 0,05 mm groß. Das Augentierchen ist etwas Besonderes. Zunächst einmal hat es eine **Geißel**, mit der es sich fortbewegen kann. Und dann ist es grün. Das Grüne im Inneren sind **Chloroplasten** mit Chlorophyll.
Es kann durch **Photosynthese** selbst Traubenzucker herstellen – man nennt das **autotroph** (auto = selbst, trophe = Ernährung, also „selbsternährend“ – das machen alle Pflanzen durch Photosynthese). Und dafür braucht es Licht. Damit es das auch finden kann, hat es eine Ansammlung von lichtempfindlichen Zellen. Aber Tiere haben keine Chloroplasten und machen doch auch keine Photosynthese?
Das Augentierchen ist beides: Pflanze und Tier. Es kann Energie und Nährstoffe durch Sonnenlicht selbst erzeugen. Findet es aber keine Sonne, frisst sie andere Lebewesen – man nennt das **heterotroph** (hetero = anders, trophe = Ernährung, also „sich von anderen ernährend“).

Aufgabe 5: **a)** *Wie bewegt sich das Augentierchen?*

b) *Was frisst das Augentierchen?*

c) *Welche Eigenschaften des Augentierchens zählen zu einem Tier, welche zu einer Pflanze? Liste sie auf.*

Tierische Eigenschaften	Pflanzliche Eigenschaften

4 Die Tierchen – genau betrachtet

Augentierchen mikroskopieren

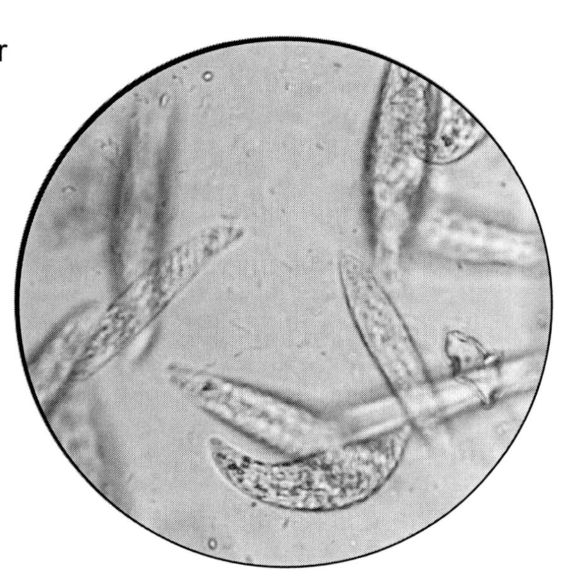

- Wenn ihr Augentierchen in einem Glas gezüchtet habt, könnt ihr es mit Alu-Folie umwickeln. An einer Stelle schneidet ihr ein Loch in die Folie, etwa 1 x 2 cm. Nach ein paar Stunden seht ihr, dass sich die Augentierchen am Licht sammeln.

- Zum Mikroskopieren entnehmt ihr einen Tropfen aus dem Glas und gebt ihn auf einen Objektträger. Nach dem Auflegen des Deckglases erkennt ihr unter dem Mikroskop viele der kleinen Einzeller. Die Lebewesen sind sehr flink, oft findet man aber auch einige Tierchen, die stillhalten oder sich am Deckglas festsetzen. Bei 400-facher Vergrößerung lassen sich Einzelheiten erkennen, z. B. der rote Augenfleck, die lange Geißel am Vorderende, pulsierende Vakuolen oder die grünen Chloroplasten.

Aufgabe 6: **a)** *Zeichne die fehlenden Teile in das Augentierchen ein.*

Zellkern

Pulsierendes Bläschen

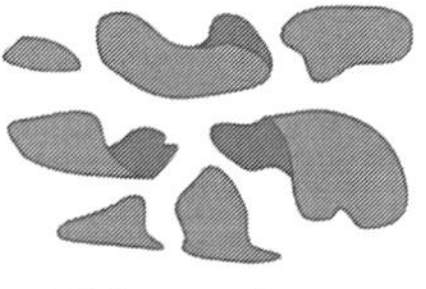

Chloroplast

Augenfleck

b) *Die Nahrung der Augentierchen – Erkläre den Unterschied zwischen organischen und anorganischen Stoffen.*

Bei günstigen Lichtverhältnissen kann sich das Augentierchen autotroph ernähren. Es nimmt die anorganischen Stoffe Kohlenstoffdioxid und Wasser auf und baut, mithilfe der Lichtenergie und des Chlorophylls in den Chloroplasten, körpereigene organische Stoffe (Traubenzucker) auf (Photosynthese). Es ist aber auch dazu in der Lage, anorganische Stoffe aufzunehmen, um daraus Energie zu gewinnen. Gelöste Nahrungsbestandteile können über die gesamte Körperoberfläche oder als feste Teile in Nahrungsvakuolen aufgenommen werden. Dort werden sie verdaut. Vorhandene Substanzen werden von ihr als Nahrung genutzt, sie ernährt sich heterotroph.

4 Die Tierchen – genau betrachtet

Der Wasserfloh – Daphnia

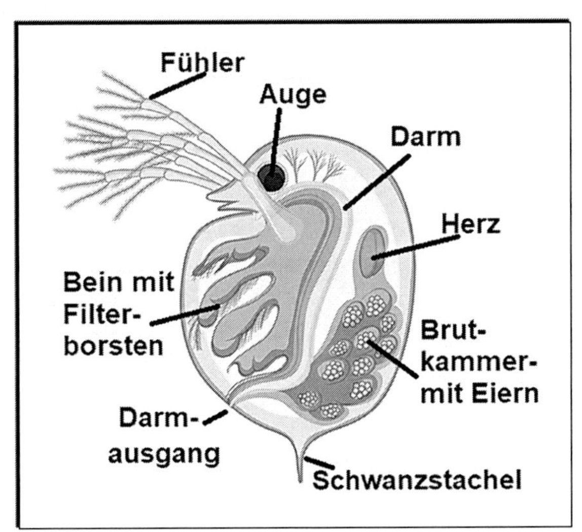

Wasserflöhe gehören zur Klasse der Krebstiere. Sie kommen in fast jeder Art von Süßwasser vor. Sie können aber auch in Pfützen oder in einem Wasserglas überleben, wenn sie genug Futter finden und nicht gefressen werden.
Mit bloßem Auge erkennt man sie schon an ihrer leicht hüpfenden Bewegung. Diese kommt durch Schläge der Fühler zustande.
Sie ernähren sich von Phytoplankton, also kleinen Algen, und Bakterien, die im Wasser schweben. Der Verdauungsrest wird ausgeschieden. Klares Wasser entsteht, denn die Algen sind weggefressen.
Die Tierchen werden 1 bis 4 mm groß, Weibchen sind größer als Männchen.
Wasserflöhe können sich auf zwei Arten fortpflanzen: Meist vermehren sie sich ungeschlechtlich. Dabei entstehen im „Rucksack" der Weibchen Eier. Erst nach dem Schlüpfen verlassen sie den Körper der Mutter.
Bei schlechteren Bedingungen (Trockenheit, Kälte, kürzere Tage, Nahrungsmangel, aber auch durch Giftstoffe) können sie sich geschlechtlich fortpflanzen. So entstehen Dauereier, die einen sehr langen Zeitraum überleben können. Sogar Frost und Trockenheit machen ihnen nichts aus. Diese Eier, umgeben mit einer widerstandsfähigen Hülle, auch „Wintereier" genannt, können bis zu zwei Jahre Trockenheit überstehen und wieder ausschlüpfen.
Mit dem Mikroskop kann man bei etwa 20-facher Vergrößerung Einzelheiten des Körperbaus des Wasserflohs gut erkennen.

Aufgabe 7: *Erstelle einen Steckbrief zum Wasserfloh.*

Name: ____________________

Größe: ____________________

Vorkommen: ____________________

Nahrung: ____________________

Fortbewegung: ____________________

Vermehrung: ____________________

– Bild –

4 Die Tierchen – genau betrachtet

Hüpferlinge – Cyclops

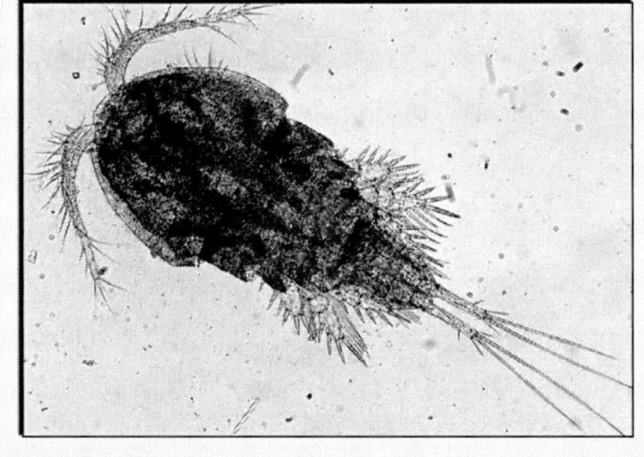

Die Hüpferlinge gehören zu den Ruderfußkrebsen und sind kleine Mehrzeller. Ihr Name leitet sich von den Zyklopen ab, einäugigen Sagengestalten aus der griechischen Mythologie, denn auch Hüpferlinge haben nur ein einziges Auge, das in der Mitte liegt.
Sie werden 0,5 bis 1 mm groß. Durch ruckartige Bewegungen ihrer Antennen „hüpfen" sie durchs Wasser. Sie leben von kleinen Pflanzenteilen, Tierchen oder Aas. Sie dienen auch als Nahrung für Fischbrut und räuberische Insekten.

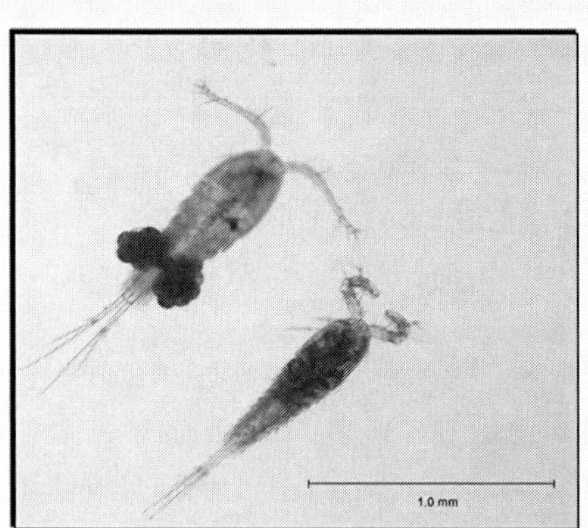

Hüpferlinge kommen weltweit im Süßwasser, seltener im Brackwasser vor. Sie leben in den Uferzonen pflanzenreicher stehender und schwach fließender Gewässer. In Mitteleuropa sind ca. 20 Arten vertreten. Bei schlechten Wasserwerten fühlen sich die Hüpferlinge nicht wohl.
Die Weibchen erkennt man gut an den beiden Eipaketen, die sie links und rechts vom Hinterleib tragen. Sie heften ihre Eier nach der Ablage in zwei Säckchen am Körper fest.
Hüpferlinge vermehren sich stets zweigeschlechtlich. Männchen bleiben etwas kleiner als die Weibchen und besitzen zu Greifwerkzeugen umgestaltete erste Antennen, womit sie das Weibchen bei der Paarung festhalten.

Aufgabe 8: **a)** *Max erzählt Leon etwas über die Hüpferlinge. Aber stimmt das denn? Schreibe die Sätze richtig in dein Heft.*

1. Hüpferlinge werden 2-3 mm groß.
2. Sie leben meistens im Salzwasser.
3. Hüpferlinge haben drei Augen.
4. Hüpferlinge ernähren sich von Salat und Spinat.
5. Das Männchen trägt die Eipakete rechts und links am Hinterleib.
6. In Mitteleuropa gibt es ungefähr 50 Arten.
7. Sie vermehren sich immer durch Zellteilung (Mitose).

b) *Es gibt eine griechische Sage von dem Zyklopen Polyphem und Odysseus.*
Forsche nach und schreibe sie kurz auf.

Die Tierchen – genau betrachtet

Rädertierchen – Rotifera

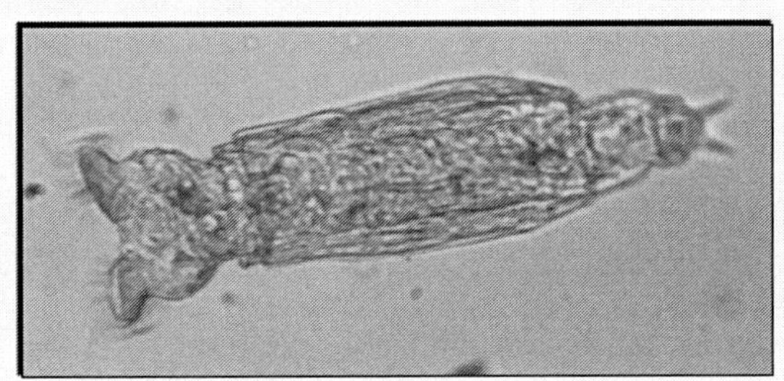

Es sind wurmförmige, vielzellige Tierchen, die 0,1 bis 0,5 mm groß werden. Sie kommen in vielen Lebensräumen vor. Auf dem Land, in Bäumen und feuchtem Moos sind sie ebenso zu Hause wie im Meer oder im Süßwasser. Sie leben entweder dauerhaft an Pflanzen festsitzend oder freischwebend im Wasser.
Bei genauem Hinsehen im Mikroskop erkennt man, wie die inneren Organe pulsieren. Rädertierchen sind trotz ihrer geringen Größe erstaunlich weit entwickelt. Schon bei geringer Vergrößerung kann man bei ihnen eine deutliche Einteilung in Kopf, Rumpf und Fuß unterscheiden. Sie besitzen eine Speiseröhre und einen Kaumagen, in dem aufgenommene Nahrungspartikel zunächst zerkleinert werden, bevor sie in den eigentlichen Magen kommen. Nach der Verdauung werden nicht verwertbare Teilchen über den Darm ausgeschieden.

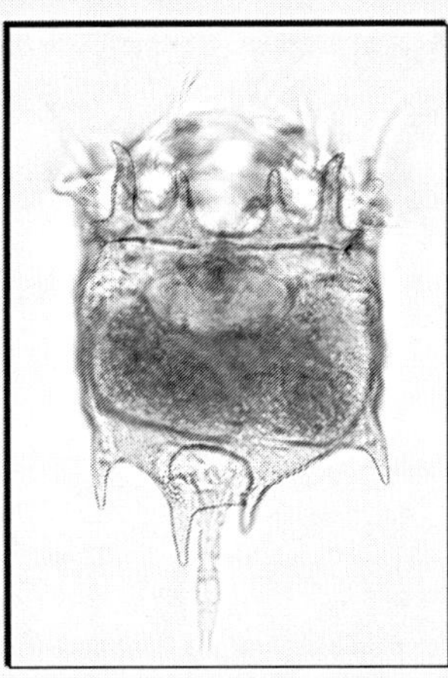

Ihr Merkmal ist das so genannte Räderorgan am Kopf, das hauptsächlich dazu dient Nahrungspartikel herbeizustrudeln, aber auch zur Fortbewegung beiträgt.
Rädertierchen sind Allesfresser, einige leben sogar vom Kannibalismus. Die meisten Arten ernähren sich von zerfallendem organischem Material sowie Algen und Phytoplankton.
Kopf mit Räderorgan – Das Räderorgan besteht aus zwei Wimpernkränzen, die fast ständig in Bewegung sind und daher sich drehenden Rädern gleichen. Es dient zum einen der Fortbewegung und zum anderen dem Einstrudeln von Nahrungsteilchen (daher auch Strudelorgan). Das Rädertierchen kann das Strudelorgan ein- und ausfahren.
Rumpf – In der Mitte des Körpers befindet sich der meist mit einer Haut gepanzerte Rumpf.
Fuß – Der Fuß des Rädertiers hat zwei Anhänge mit Klebedrüsen, mit dem es sich an einem Untergrund festheften kann. Bei manchen Rädertierchen fehlt jedoch der Fuß.

Aufgabe 9:

a) *Aus welchen Teilen besteht das Rädertierchen?*

b) *Was ist das „Strudelorgan"?*

c) *Woraus besteht der Fuß?*

d) *Wie groß wird das Rädertierchen?*

e) *Wovon ernährt sich das Rädertierchen?*

f) *Was ist Kannibalismus?*

g) *Wo lebt das Rädertierchen?*

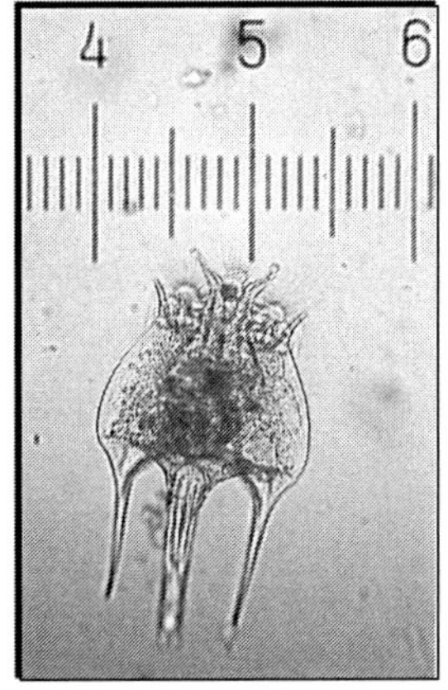

4 Die Tierchen – genau betrachtet

Das Bärtierchen – Tardigrada

Von diesen lustigen Achtbeinern gibt es verschiedene Arten, die auf dem Land, im Süß- oder auch im Seewasser zu Hause sind. Einige von ihnen finden sich auch in Kleinstgewässern wie Pfützen, Regentonnen, Dachrinnen und sogar Vogeltränken. Sie sind winzig klein. Ihre Größe beträgt meist etwa 100 bis 500 µm. Sie haben kein Herz und keine Lunge. Durchsichtiges „Blut" läuft frei durch den Körper. Zur Atmung genügt der Gasaustausch über die Haut. Größenwachstum ist bei Bärtierchen nur durch regelmäßige Häutungen möglich.
Sie ernähren sich von winzigen Algen, Fadenwürmern oder Rädertierchen. Bärtierchen besitzen eine Art Stachel. Damit stechen sie in die Haut einer Alge und saugen die Nährstoffe aus.
Bärtierchen setzen im Notfall auf einen todesähnlichen Zustand, bei dem der Stoffwechsel ganz heruntergefahren wird. Dabei ziehen sie die Beine ein und rollen sich zusammen. So können ihnen selbst große Hitze und Eiseskälte nichts anhaben.

Bärtierchen unter dem Mikroskop

Ihr braucht:

- Mikroskop
- Moos
- Wasser
- Petrischale
- Pipette
- Objektträger

So geht es:

- Das Moos legt ihr mit der Erdseite nach unten in die Petrischale.
- Dann tropft ihr nach und nach Wasser darauf, bis es sich vollgesogen hat. Das kann allerdings ein paar Stunden dauern!
- Nach einer Weile nehmt ihr dann das Moos aus der Schale. Dort sollte jetzt noch „moosiges" Wasser übrig sein.
- Davon saugt ihr mit der Pipette etwas auf und tropft es auf den Objektträger.
- Und dann ab damit unters Mikroskop! Jetzt heißt es suchen und Glück haben, dass sich viele Bärtierchen im Wassertropfen befinden, die man beobachten kann …

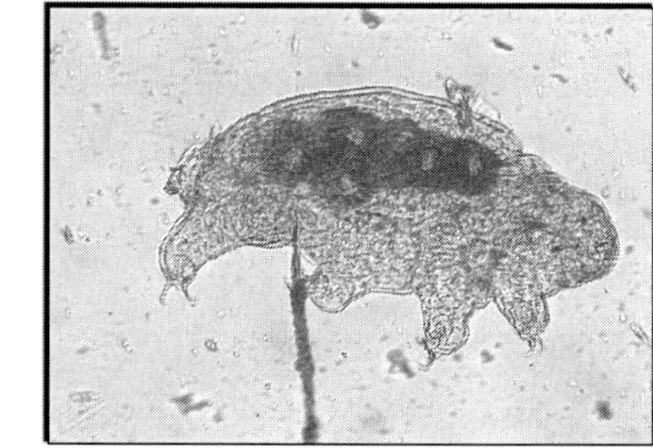

4 Die Tierchen – genau betrachtet

Bärtierchen in ein Dauerstadium überführen

Bärtierchen leben z. B. im Moos und lassen sich ohne Probleme über lange Zeit in einer Art Trockenstadium (als Tönnchen) aufbewahren. Sobald diese Tiere wieder in einen günstigen Lebensraum gebracht werden, nehmen sie wieder ihre normale Gestalt an. Das lässt sich mit einem einfachen Mikroskop zeigen.

- In eine kleine Petrischale werden einige Bärtierchen in etwas Flüssigkeit gegeben. Die Flüssigkeitsmenge sollte so groß sein, dass der Tropfen in den nächsten 8–12 Stunden langsam eintrocknet – nicht in die Sonne stellen! Bärtierchen brauchen Zeit für die Veränderungen, die der Übergang in das Tönnchenstadium erfordert.

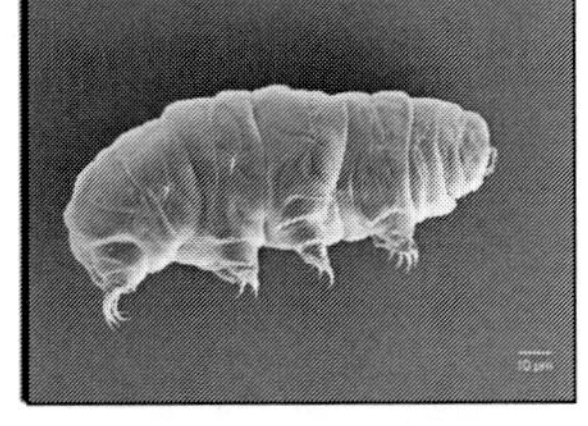

- Der eingetrocknete Rest in der Petrischale wird zum Pipettieren mit etwas Wasser vermischt und unter dem Mikroskop beobachtet. Jetzt sollten Tönnchen zu sehen sein, die im Idealfall rundlich geformt und mehr oder weniger gleichmäßig gerunzelt sind.

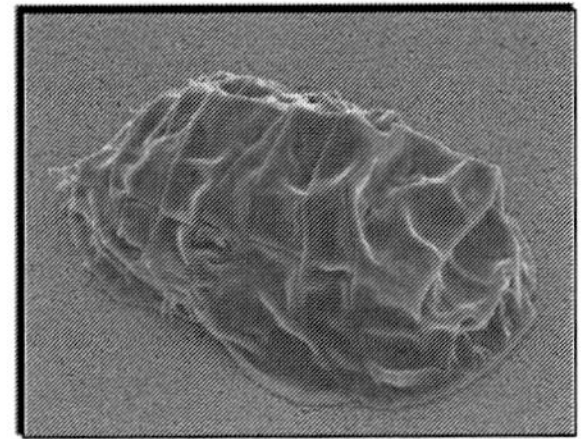

- Nach dem Experiment sollten die restlichen Bärtierchen und auch die Tönnchenformen wieder in ihre normale Umgebung – Dachrinne, Moos oder Vogeltränke – gesetzt werden.

Einordnung der Tierchen

Aufgabe 10: *Fügt die Tierchen, die ihr kennengelernt habt, richtig in die Tabelle ein. Die eingefärbten Felder müssen ausgefüllt werden. Schreibt die Größe in mm und µm hinzu. Bei den Rädertierchen und den Bärtierchen notiert ihr nur die Größe.*

Wimpertierchen	Wurzelfüßer	Augentierchen	Krebstierchen
		Rädertierchen	**Bärtierchen**

Lernwerkstatt
Lebewesen unter dem Mikroskop – Bestell-Nr. 12 691

4 Die Tierchen – genau betrachtet

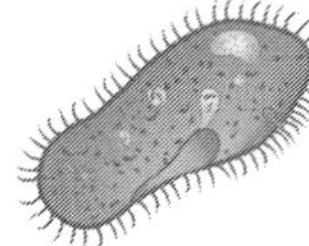

Pantoffeltierchen und Amöbe – Vergleich

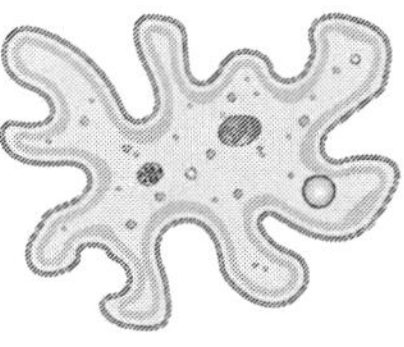

Aufgabe 11: **a)** *Vergleiche ein Pantoffeltierchen mit einer Amöbe. Es gibt Gemeinsamkeiten und Unterschiede. Verbinde die Sätze richtig.*

Gemeinsamkeiten:

Beide vermehren sich	aus einer einzigen Zelle.
Beide besitzen	durch Zellsteilung.
Beide bestehen nur	Pulsierende Bläschen.
Beide können Zysten bilden	Nahrungsbläschen.
Beide bilden	und so ungünstige Zeiten überstehen

b) *Setze die fehlenden Satzteile ein*:

Unterschiede:

kriechen auf einer Unterlage – Zellmund und Zellafter – feste Form – durch Umfließen Nahrung aufnehmen – Scheinfüßchen aus – in freiem Wasser und schwimmen – dauernd ihre Gestalt – Hilfe von Wimpern fort –

- Pantoffeltierchen besitzen eine ____________________. Amöben ändern ______________________________.
- Pantoffeltierchen bewegen sich mit ______________________________. Amöben bilden ______________________.
- Pantoffeltierchen besitzen feste Zellbereiche für die Nahrungsaufnahme und die Ausscheidung, den ____________________________.
- Amöben können an jeder beliebigen Stelle ihrer Zelloberfläche ____________________________________ und unverdauliche Reste ausscheiden.
- Pantoffeltierchen leben ____.

Amöben ____.

5 Algen

Welche Algen gibt es?

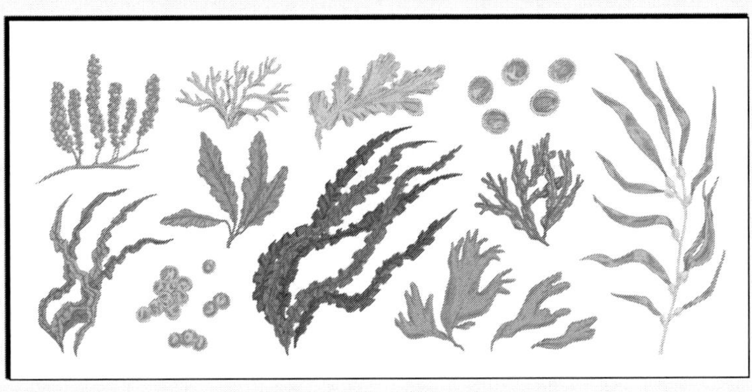

Algen sind Pflanzen, die im Wasser wachsen. Sie können so klein sein, dass man sie mit bloßem Auge nicht erkennen kann. Man nennt sie Mikroalgen. Viele davon sind Einzeller. Algen können aber auch sehr lang werden. Die Makroalgen (Großalgen) werden von wenigen Millimetern bis zu 60 Metern lang. Doch die meisten Algen sind Einzeller und sehr klein. Im Gegensatz zu Samenpflanzen haben Algen keine echten Wurzeln.
Gemeinsam ist ihnen allen, dass sie einen Zellkern haben und dass sie mit Sonnenlicht ihre Nahrung selber herstellen können. Dazu bilden sie auch Sauerstoff. Sie sind also autotroph. Algen sind in Salz- und Süßwasser zu finden. Sie produzieren mehr Sauerstoff als alle Pflanzen auf der Erde zusammen. Außerdem dienen sie als wichtige Nahrungsquelle für viele Tiere.
Es gibt verschiedene Algen: Grünalgen, Rotalgen und Braunalgen. Dann gibt es noch die Blaualgen, die aber eigentlich Cyanobakterien heißen. Sie sind 5- bis 10-mal größer als eine Bakterienzelle.

Aufgabe 1: *Was weißt du über Algen? Kreuze die richtigen Antworten an:*

		r	f
1	Es gibt Mikroalgen und Makroalgen.		
2	Makroalgen können bis 600 m lang werden.		
3	Alle Algen kann man mit bloßem Auge erkennen.		
4	Algen haben keine richtigen Wurzeln.		
5	Algen sind autotroph.		
6	Algen haben keinen Zellkern.		
7	Man findet sie nur im Salzwasser.		
8	Sie sind eine wichtige Nahrungsquelle für viele Tiere.		
9	Es gibt Grünalgen, Braunalgen und Gelbalgen.		
10	Blaualgen heißen eigentlich Cyanobakterien.		
11	Viele Algen sind Einzeller.		
12	Sie können mit Sonnenlicht ihre Nahrung selbst herstellen.		
13	Algen leben im Süß- und im Salzwasser.		
14	Es gibt auch Rotalgen.		

Lernwerkstatt
Lebewesen unter dem Mikroskop – Bestell-Nr. 12 691
KOHL VERLAG

5 Algen

Einzeller – Chlamydomonas

Die Hüllalge oder auch Hüllengeißelalge wird bis 20 µm groß. Sie lebt vorwiegend im Teichwasser. Sie hat 2 gleichlange Geißeln und einen roten Augenfleck. Ihre feste Zellwand besteht aus Zellulose, darum herum liegt eine Schleimschicht. Der Chloroplast ist becherförmig.

Wenn sie genügend gewachsen ist, vermehrt sie sich durch Längsteilung. Durch zwei aufeinanderfolgende Teilungen entstehen vier Tochterzellen in der Schleimhülle. Die Hülle platzt und gibt die vier Zellen frei. Jede der Tochterzellen lebt selbstständig.

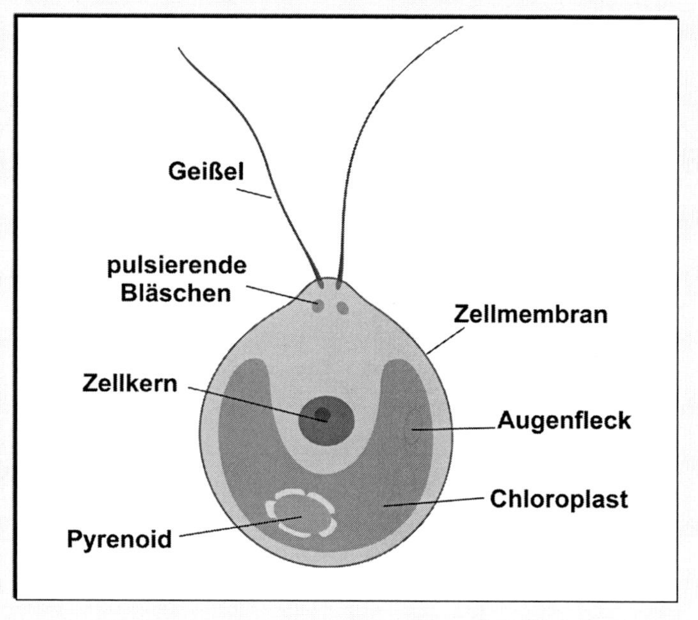

Aufgabe 2: *Setze die Nummern oben in die Zeichnung ein:*

1. Die gleichgroßen Geißeln dienen zur Fortbewegung
2. Vakuolen (pulsierende Bläschen)
3. Zellwand, Zellmembran: Die Zellwand hält alle Zellorganellen zusammen.
4. Augenfleck: Der Augenfleck ist ein Pigmentfleck, der es dem Einzeller ermöglicht, sich abhängig von der Sonne zu bewegen.
5. Zellkern
6. Der Chloroplast ist für die Photosynthese zuständig.
7. Im Pyrenoid wird der Zucker, der bei der Photosynthese entsteht, gespeichert.

Noch ein Einzeller – Chlorella

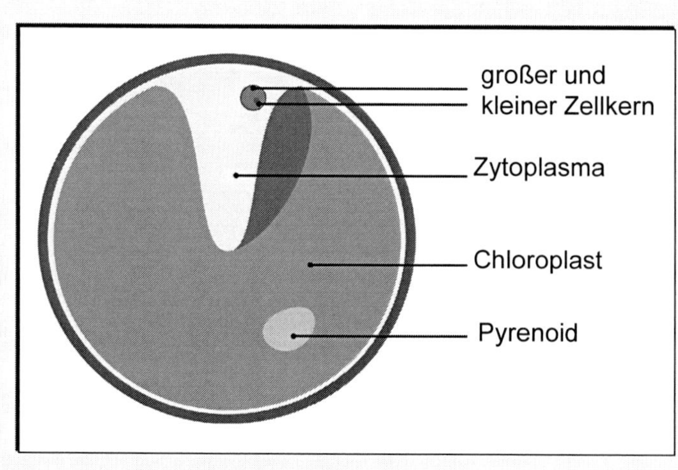

Chlorella kommt in stehenden und Fließgewässern vor, findet sich aber auch an festen Oberflächen. Sie ist weltweit verbreitet. Chlorella bedeutet auf Deutsch so viel wie „kleines, junges Grün“. Die Alge bildet kugelförmige, einzelne Zellen und hat keine Geißeln. Sie sind mit 4 bis 10 µm Durchmesser sehr klein. Jede Zelle enthält einen einzelnen Chloroplasten. Die kleinen Flecken, die du in den Zellen im Bild unten siehst, sind Lipidtröpfchen.

Aufgabe 3:

a) *Was bedeutet Chlorella auf Deutsch?*

b) *Wie viele Chloroplasten enthält jede Zelle?*

c) *Wie groß sind die Zellen?*

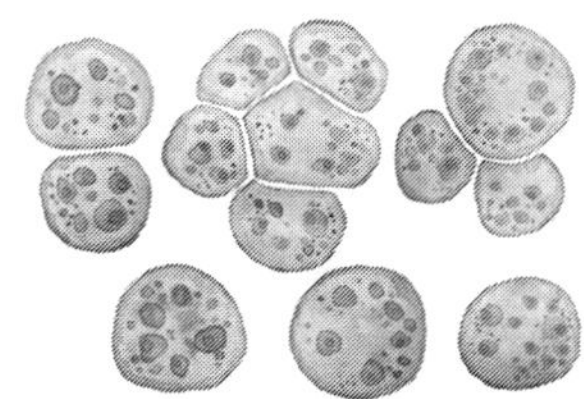

5 Algen

Kolonien bei den Grünalgen

- Einzeller bestehen nur aus einer einzigen Zelle.
- Eine Kolonie ist **eine Gruppe** von Pflanzen, Tieren oder Bakterien, die in einer engen natürlichen Gemeinschaft leben. Jede Zelle kann aber auch alleine leben und sich vermehren.
- Vielzeller bestehen aus mehr als einer Zelle, wobei es zur Aufgabenteilung kommt. Die Zellen sind einzeln meist nicht mehr lebensfähig – Vielzeller haben eine begrenzte Lebensdauer.

Gonium
Gonium bildet noch recht einfache Kolonien. Die meist vier oder 16 Zellen entstehen durch Teilung der Einzelzelle. Die Zellen bleiben jedoch nach der Teilung beieinander Sie bilden eine mit einer Gallerthülle (Schleimhülle) umgebene, flache Scheibe. Jede Zelle ist für sich selbstständig. Sie kann eine Größe von bis zu 100 µm erreichen.

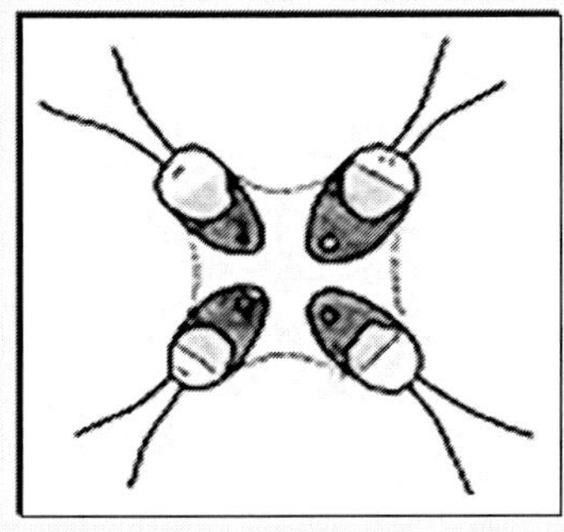

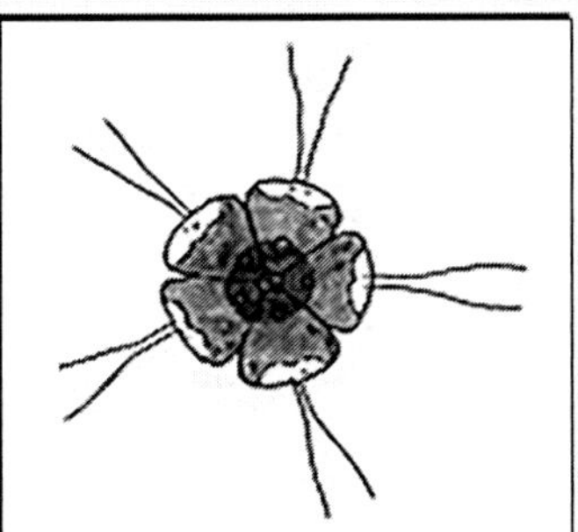

Pandorina
Diese aus 8 bis 16 Zellen bestehende Kolonie trudelt als grüne Kugel mit einem Durchmesser von 0,02 bis 0,04 mm durch das Wasser. Die Zellen am Vorderende haben einen deutlich größeren Augenfleck. Die Einzelzellen werden von einer gemeinsamen Gallerthülle umgeben. Jede Zelle ist für sich alleine lebensfähig.

Eudorina
Mit bereits 32 Zellen handelt es sich bei Eudorina um eine recht große Geißelalgenkolonie von 60 bis 200 µm. Die Einzelzellen am Vorderende sind kleiner und mit großem Augenfleck, am hinteren Ende sind sie stark verbreitert. In Kränzen angeordnet befinden sie sich in einer Gallertkugel. Alle Zellen können eigene Tochterkolonien bilden.

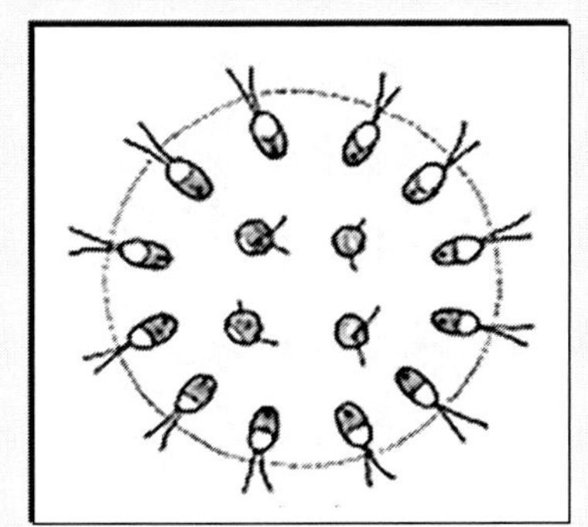

__Aufgabe 4__: **a)** *Was ist eine Kolonie?*

b) *Was ist diesen Algen hier allen gemeinsam?*

c) *Nenne ein Beispiel für einen Einzeller und für eine Kolonie.*

Lernwerkstatt
Lebewesen unter dem Mikroskop – Bestell-Nr. 12 691
KOHL VERLAG

5 Algen

Wimperkugel – Kugelalge – Volvox

Wenn man einen Wassertropfen unter dem Mikroskop ansieht, finden sich darin häufig runde Gebilde, die wie durchsichtige Bälle aussehen. In der Kugel befinden sich mehrere kleinere. Dabei handelt es sich um die Grünalge Volvox bzw. Kugelalge oder auch Wimperalge genannt. Sie enthalten bis zu mehreren tausend Einzelzellen. Innerhalb der Alge gibt es eine richtige Arbeitsteilung. Ein Teil der Zellen ist nur für die Vermehrung zuständig. Für die Fortbewegung sorgen die vorderen kleineren Zellen, die oft längere Geißeln haben als die übrigen. Grünalgen pflanzen sich ungeschlechtlich und geschlechtlich fort. Die ungeschlechtliche Vermehrung erfolgt durch Teilung. Zur geschlechtlichen Fortpflanzung werden Geschlechtszellen (Ei- und Schwärmzellen) gebildet, die miteinander verschmelzen.

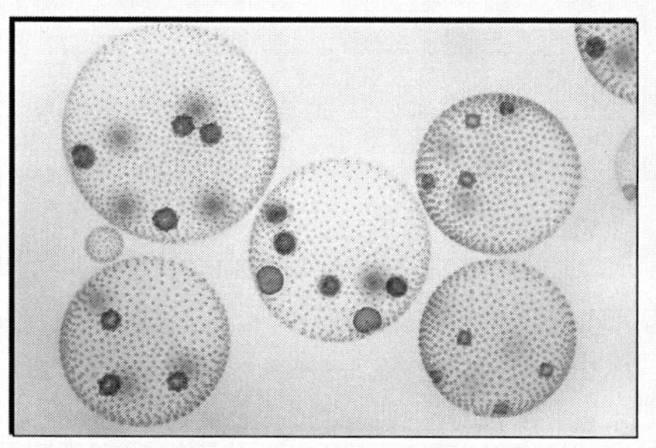

Aufgabe 5: *Setze die Wörter richtig in den Text ein:*

Teil – Stoffe – Lebewesen – mehrzelliger – lebensfähig – Arbeitsteilung – Kolonien

Die ersten ______________________ waren Einzeller. Sie haben oft am gleichen Ort gelebt. Manchmal lebten sie so eng zusammen, dass sie als __________________ bezeichnet wurden. In einigen Kolonien konnten die Zellen untereinander _______________ austauschen. Langsam hat sich in diesen Kolonien eine ____________________________ entwickelt. Die Zellen verrichteten immer mehr ihren ___________ der Arbeit, bis sie schließlich von den anderen Zellen abhängig und nicht mehr allein ___________________ waren. Ein _____________________ Organismus war entstanden.

Überblick über die Algen

Chlamydomonas Einzeller 5–20 µm	Gonium 4–16 Zellen 20–50 µm	Pandorina meist 16 Zellen 20–40 µm	Eudorina 16 oder 32 Zellen 50–100 µm	Volvox über 1000 Zellen 100 µm
		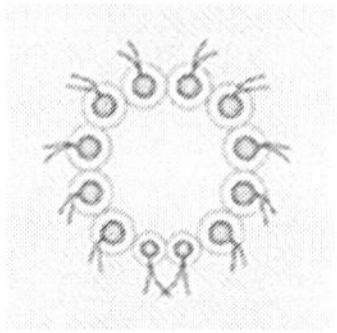	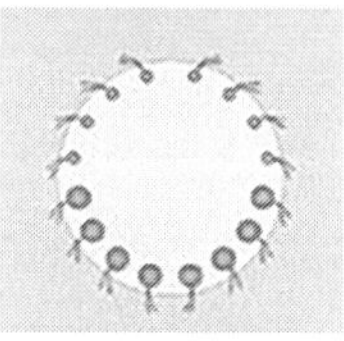	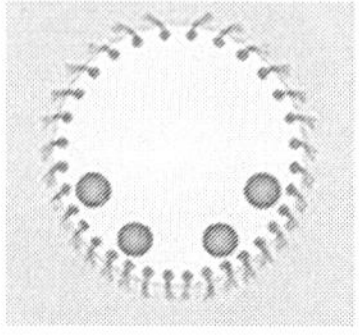
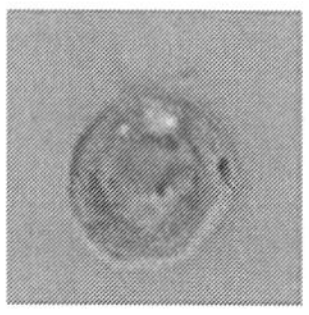	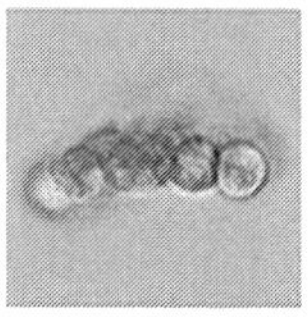	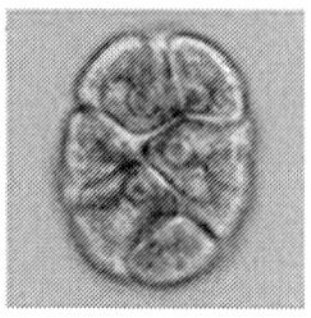	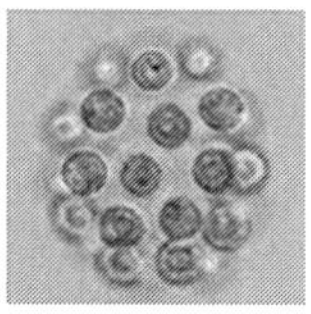	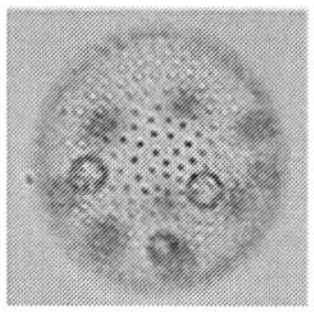

Die Schraubenalge

Die Schraubenalge gehört mit zu den einfachsten Vielzellern unter den Grünalgen. Sie besitzt keine Geißeln oder Wimpern. Aber sie hat einen bis zwei große schraubenförmige Chloroplasten in jeder Zelle. Daher kommt der Name Schraubenalge. Alle Zellen sind gleichwertig.

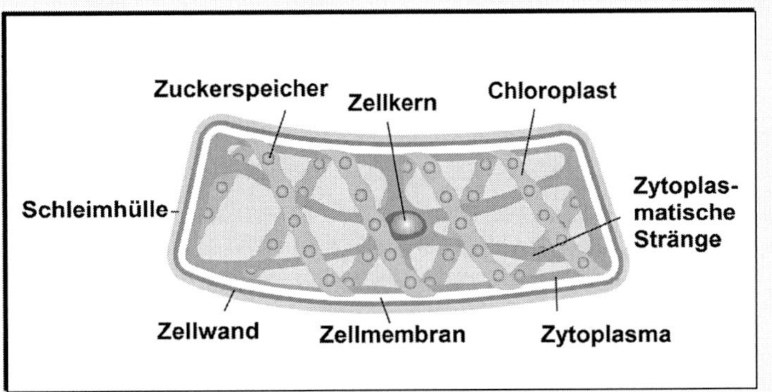

Die fadenförmigen Spirogyra-Arten treten häufig in ruhigen Gewässern als frei schwebende, hellgrüne „Watte" auf. Der Sauerstoff, den sie bei genügend Wärme und Licht produzieren, bildet dazwischen kleine Blasen. Dadurch steigen die Algen zur Wasseroberfläche auf.

Stärkenachweis bei Spirogyra

So gehst du vor:

- Lege einige Fäden der Schraubenalge auf ein weißes Filterpapier.
- Füge einige Tropfen Jodlösung hinzu.

Was siehst du?

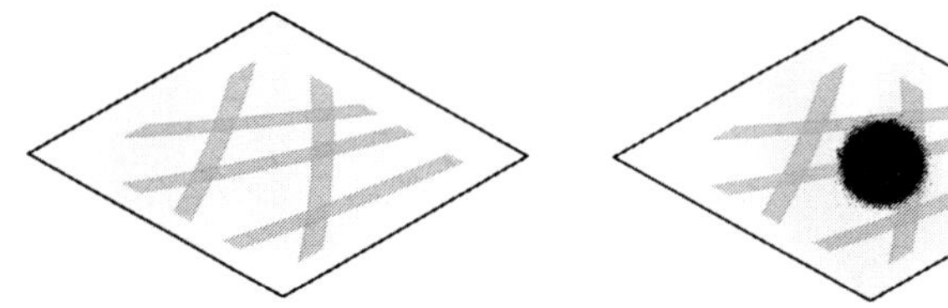

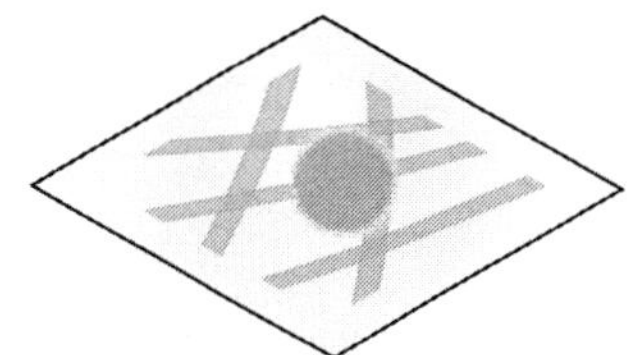

Die Farbe wechselt zu dunkelblau – es ist Stärke vorhanden.

Die Farbe ändert sich nicht – es ist keine Stärke vorhanden.

Aufgabe 6:

a) *Ist die Schraubenalge ein Einzeller oder ein Vielzeller?*

b) *Hat sie Geißeln oder Wimpern?*

c) *Woher hat sie ihren Namen?*

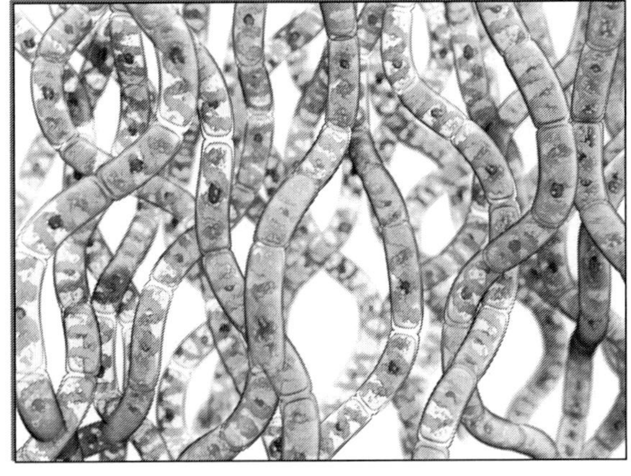

5 Algen

Blaualgen – Cyanobakterien

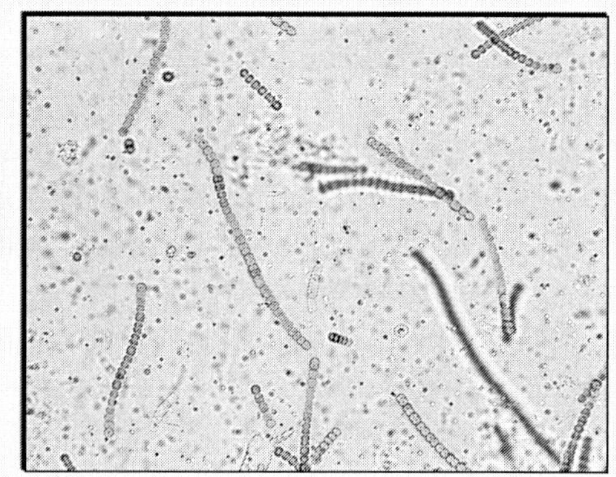

Der Name „Blaualge" kommt von der blau-grünen Farbe der Algen. Blaualgen tragen zwar „Algen" im Namen, sind aber eigentlich Bakterien, genau gesagt, Cyanobakterien. Die Mikroorganismen haben die gesamte Erde besiedelt. Sie leben vom Meer bis zur Wüste, im Eis der Antarktis ebenso wie in den Tropen und der gemäßigten Zone.

Ein Cyanobakterium hat keine Zellkerne, wie sie Tiere und Pflanzen haben. Trotzdem haben sie etwas mit den Pflanzen gemeinsam: Viele Cyanobakterien betreiben Photosynthese. In der Natur kannst du sowohl einzellige (z. B. Spirulina) als auch mehrzellige Cyanobakterien (z. B. Kugelblaualgen) finden.

Die Einzelzeller sind bei den meisten Arten zu größeren, oft von Schleim umgebenen Kolonien zusammengeschlossen. Während eine Bakterienzelle eine Größe bis maximal ca. 5 µm erreicht, können die Blaualgen eine Größe von 10 µm erreichen. Sie pflanzen sich durch Zellteilung fort.

In manchen Seen kann es, insbesondere im Hochsommer, zu einer sichtbaren Blaualgen-Massenentwicklung kommen. Blaualgen können hautreizend oder giftig wirken.

Spirulina, ein Cyanobakterium, gibt es im Handel als Nahrungsergänzungsmittel. Es wird bei einer Wassertemperatur von 37 °C gezüchtet. Den Aquakulturen wird Kohlendioxid zugesetzt, damit Spirulina schneller wächst. Bei der Ernte wird die Masse gefiltert und dann getrocknet. Anschließend wird sie als Tablette oder Pulver verkauft. Sie findet sich auch als Zutat in Nudeln, Fruchtriegeln oder Getränken.

Aufgabe 7: *Beantworte die folgenden Fragen. Du erhältst ein Lösungswort.*

a) Welche Tierchen mit Scheinfüßchen kennst du?

Grünalgen	**R**	Blaualgen	**W**	Braunalgen	**I**

b) Worin findet sich Spirolina auch als Zutat?

Nudeln	**A**	Milch	**D**	Getränken	**S**

c) Haben Cyanobakterien einen Zellkern?

einige	**E**	ja	**T**	nein	**S**

d) Wie groß können sie werden?

100 µm	**N**	10 µm	**E**	1 mm	**A**

e) Warum wird Spirolina gezüchtet?

als Nahrungs-ergänzung	**R**	als Insektengift	**B**	zur Wäschepflege	**E**

5 Algen

Spirulina selber züchten

	Ihr braucht ein Aquarium oder großes Glas. Stellt das Aquarium an einen warmen, hellen Ort. Stellt es möglichst so auf, dass es an einem Südfenster steht, wo es viel Sonne bekommt. Spirulina-Algen brauchen ausreichend Licht und Wärme, um gut zu gedeihen. Sie wachsen leicht in warmem Wasser – optimal sind 35 °C.
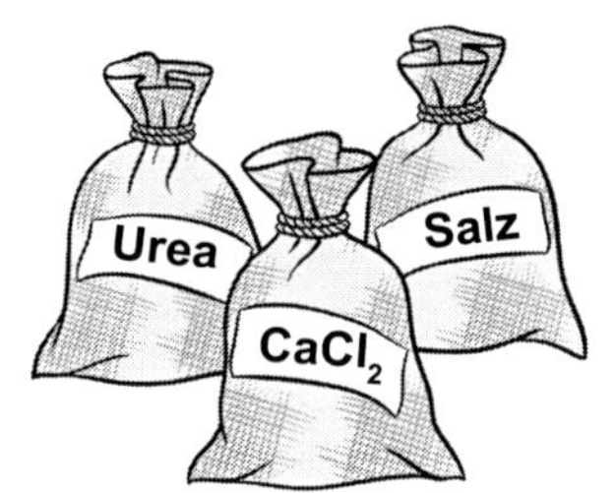	Ihr braucht ein paar Mineralien, um das Wachstum von Algen zu fördern. Ihr müsst allerdings keine Experten sein – ihr könnt im Bio- oder Naturkostladen oder im Internet fertig gemischtes „Mineralien-Futter" für Spirulina kaufen.
	Um eure Spirulina-Kolonie zu starten, braucht ihr lebende Spirulina als Starter. Schaut im Internet oder im Bio- oder Naturkostladen nach einem Spirulina-Starter-Set.
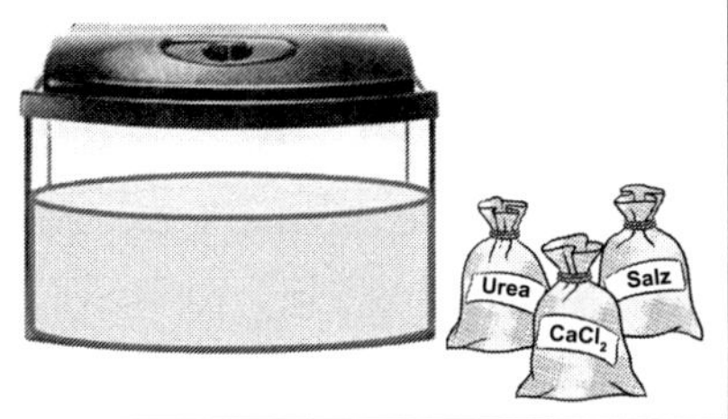	Füllt das Aquarium mit gefiltertem Wasser und gebt den Mineralien-Mix entsprechend der Anweisungen auf der Packung hinzu. Dann fügt ihr die Spirulina-Starter-Kultur hinzu.
	Beobachtet, wie die Spirulina-Kolonie wächst. Wenn sie nicht gut zu wachsen scheint, testet den pH-Wert, der um 10 liegen sollte, wenn die Spirulina geerntet werden können. Wenn der pH-Wert davon abweicht, kann es sein, dass ihr mehr „Futter" hinzugeben müsst.
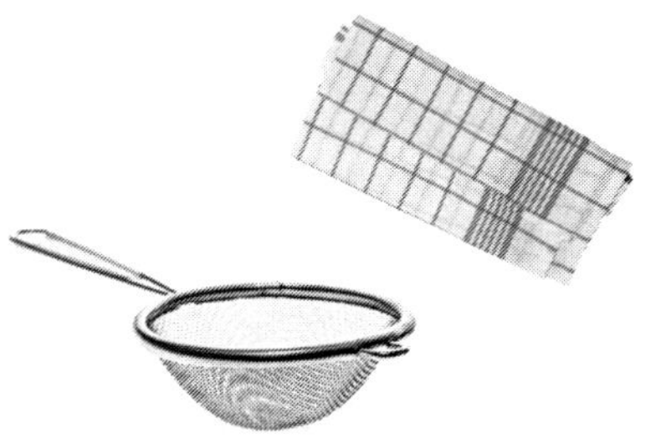	Erntet die Spirulina nach etwa drei bis sechs Wochen. Filtert sie durch ein feines Tuch. Haltet es über die Spüle oder eine Schüssel und drückt leicht das überschüssige Wasser heraus.
	Was bleibt, ist eine dicke, grüne Paste. Verwendet diese frische Spirulina in Smoothies oder gebt sie über eure Lieblingsspeisen.

Lernwerkstatt
Lebewesen unter dem Mikroskop – Bestell-Nr. 12 691

5 Algen

Wann wachsen Algen am besten?

Algen sind Wasserpflanzen, die ohne Wurzeln im Wasser schweben können. Sie nehmen Nährstoffe direkt aus dem Wasser und vermehren sich bei Wärme besonders gut. Je mehr Nährstoffe in ein Gewässer gelangen, desto besser entwickeln sie sich. Man erkennt es an der Grünfärbung. Wir testen das aus:

Aufgabe 8:

Ihr braucht:

- 4 große Gläser (oder Erlenmeyerkolben)
- Krug oder Kanne mit abgestandenem Wasser (kein frisches Leitungswasser)
- eine weitere leere Kanne
- ½ Liter Algenwasser aus einem Teich oder einer Regentonne
- Baumwolltuch, flüssigen Blumendünger, Pipetten

So geht es:

1. Filtriert das Algenwasser einmal, indem ihr es durch das Tuch in die leere Kanne umschüttet.
2. Beschriftet die Gläser mit den Zahlen 1 bis 4.
3. Füllt alle Gläser mit etwa gleich viel abgestandenem Trinkwasser.
4. Füllt in jedes Glas 3-4 Pipetten Algenwasser dazu.
5. Mischt dem Glas 2 und 4 außerdem noch eine Pipette Dünger bei.
6. Stellt die Gläser 1 und 2 für 1-2 Wochen an einen hellen, kühlen Ort. Die Gläser 3 und 4 bringt ihr an einen hellen, warmen Ort.

a) *Malt die Kolben an. Notiert das Ergebnis: kein Wachstum, wenig Algenwachstum, viel Algenwachstum*

	ohne Dünger	**mit Dünger**
an einem kühlen Ort	1	2
an einem warmen Ort	3	4

b) *Wann wachsen die Algen am besten? Erklärt, warum das so ist.*

5 Algen

Zellen aus der Wasserpest – Chloroplasten

Die Schmalblättrige Wasserpest ist eine Wasserpflanze. Die Art stammt aus Nordamerika. In Europa findet sie ähnliche Klimabedingungen wie in ihrer Heimat. In den letzten Jahrzehnten hat sie sich daher schnell ausgebreitet und zählt inzwischen zum Bewohner vieler Teiche, Seen und Wassergräben. Sie lebt untergetaucht im Süßwasser und wurzelt im Gewässergrund.

Die Wasserpest (Elodea canadensis) ist in jeder Aquarienabteilung eines Zoofachgeschäfts erhältlich. Unter dem Mikroskop kann man gut erkennen, dass nicht das ganze Blatt, sondern nur die Chloroplasten grün gefärbt sind. Man erkennt bei 400-facher Vergrößerung deutlich die grün gefärbten Chloroplasten, die an der Zellwand entlang wandern. Diese Zellorganellen sind das Zentrum der Photosynthese und enthalten den grünen Farbstoff Chlorophyll. Wir wollen das mal untersuchen:

Ihr braucht:

- Mikroskop
- Objektträger
- Deckgläschen
- Pinzette
- Saugpipette
- destilliertes Wasser
- Wasserpest

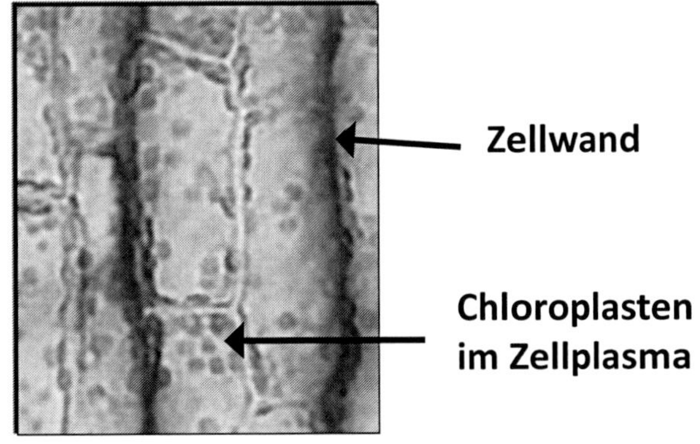

So geht´s:

1. Gib einen Tropfen Wasser auf einen Objektträger.
2. Zupfe mit einer Pinzette oder den Fingern ein Blatt von einer Wasserpestpflanze. Lege das Blatt in den Wassertropfen.
3. Lege ein Deckgläschen auf.
4. Mikroskopiere zunächst bei schwächster Vergrößerung eine Stelle zwischen Blattrand und Mittelrippe. Erhöhe die Vergrößerung.
5. Stelle die langgestreckten Zellen bei stärkerer Vergrößerung scharf ein. Die grünen, ovalen Körperchen im Zytoplasma sind Chloroplasten.
6. Zeichne einige zusammenhängende Zellen mit allen erkennbaren Einzelheiten. Achte dabei auf die richtigen Größenverhältnisse.
7. Beschrifte deine Zeichnung.

Lernwerkstatt
Lebewesen unter dem Mikroskop – Bestell-Nr. 12 691

6 Gemischte Aufgaben

Kreuzworträtsel

Aufgabe 5: *Löst das Rätsel.*

1. Cyanobakterien nennt man auch …?
2. Ein Wesen mit tierischen und pflanzlichen Eigenschaften ist das …?
3. Ein Tierchen, was laufend seine Form verändert, ist die …?
4. Die Kugel-Wimperalge heißt auch …?
5. Er hüpft durch das Wasser …?
6. An einen Teddy erinnert uns das …?
7. Eine einzellige Grünalge ohne Geißeln ist …?
8. Die ungeschlechtliche Teilung nennt man …?
9. Die Schraubenalge ist ein einfacher …?
10. Algen vermehren sich besonders gut bei …?
11. Einer Fußbekleidung ähnlich sieht das …?
12. Tierische Zellen haben keine …?
13. Pflanzliche und tierische Einzeller haben einen …?
14. Lebewesen, die aus nur einer Zelle bestehen, nennen wir …?
15. Neben Bakterien, Pflanzen und Tieren gibt es auch noch …?

6 Gemischte Aufgaben

Domino

Bei diesem Domino wird immer der passende Name an das Bild angelegt.

START	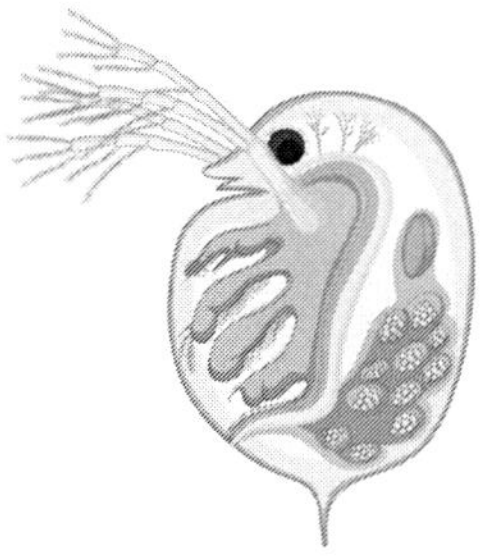	**Wasserfloh**	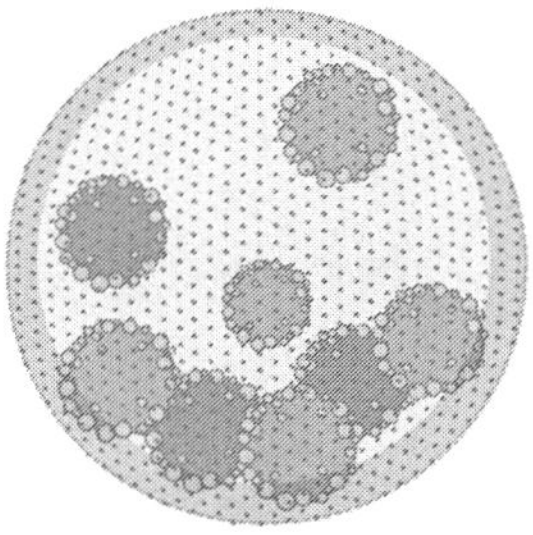
Kugelalge	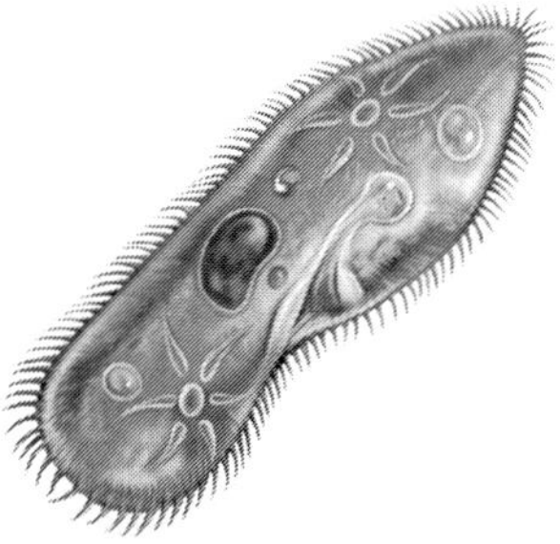	**Pantoffel-tierchen**	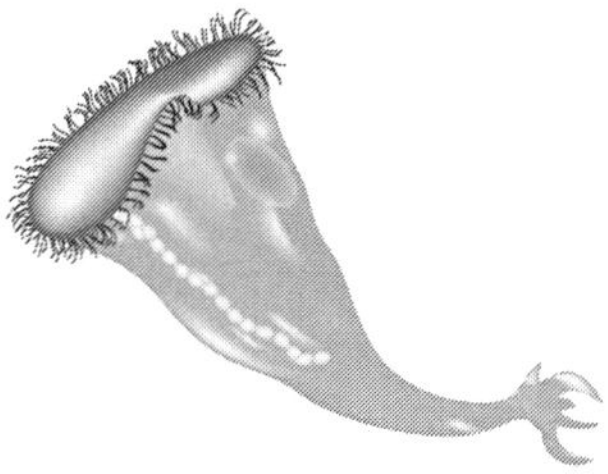
Trompeten-tierchen	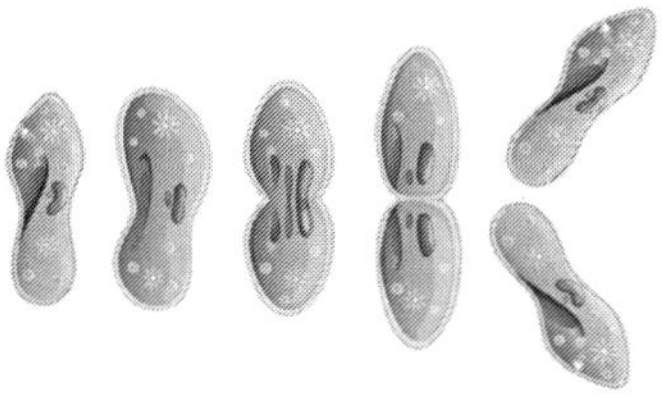	**Zellteilung Mitose**	
Bärtierchen	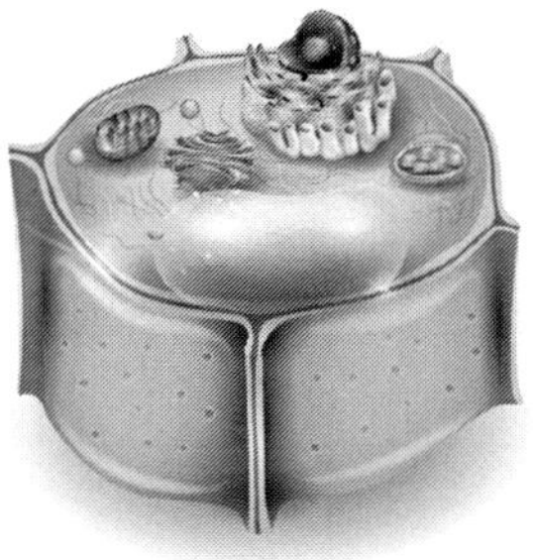	**Pflanzliche Zelle**	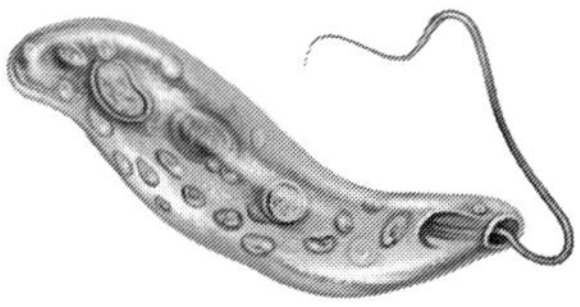
Augentierchen	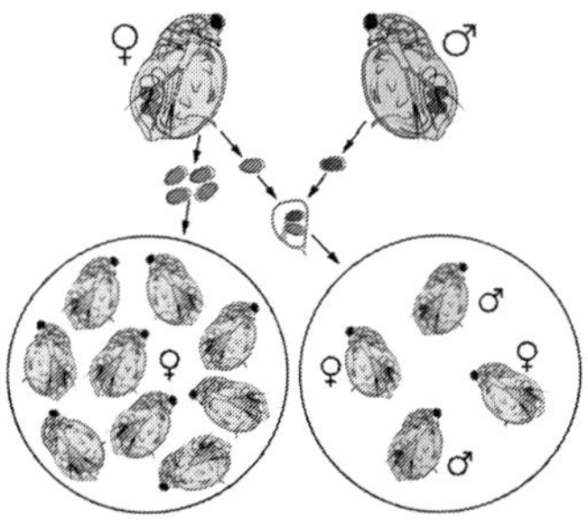	**Meiose**	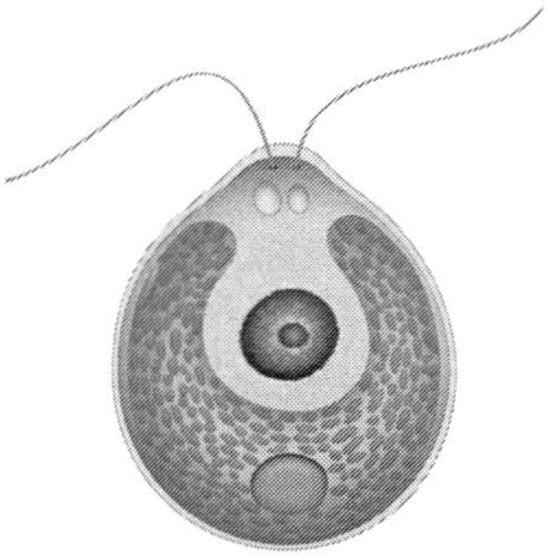
Hüllalge	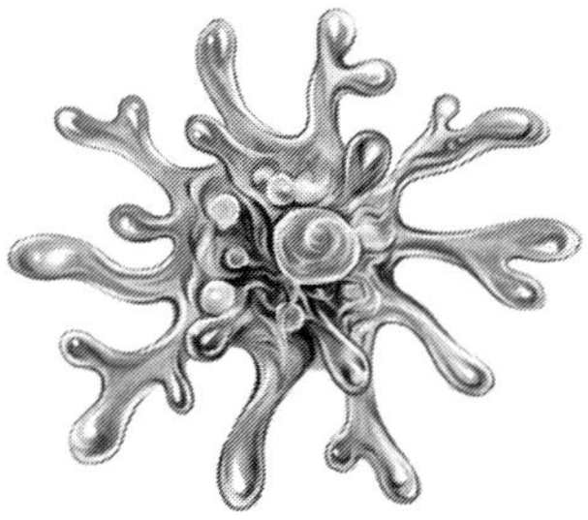	**Amöbe**	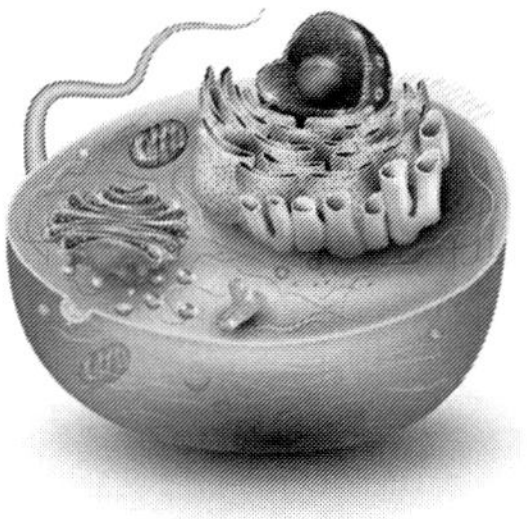

6 Gemischte Aufgaben

Domino

Tierische Zelle	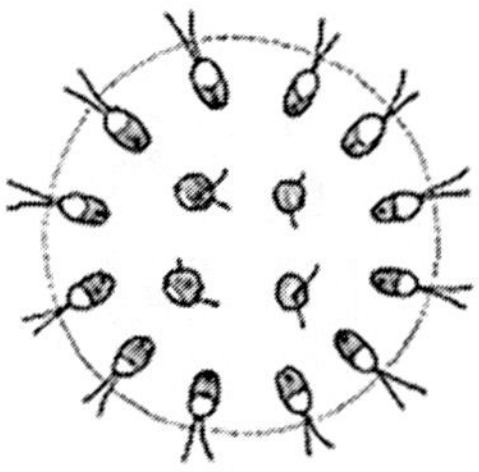	**Eudonia**	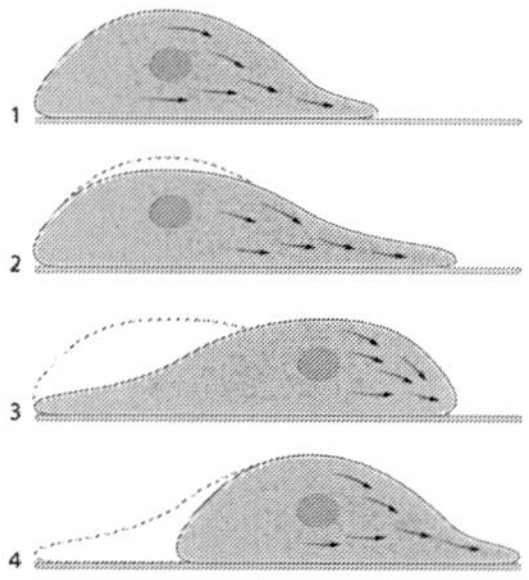1 2 3 4
Bewegung der Amöbe	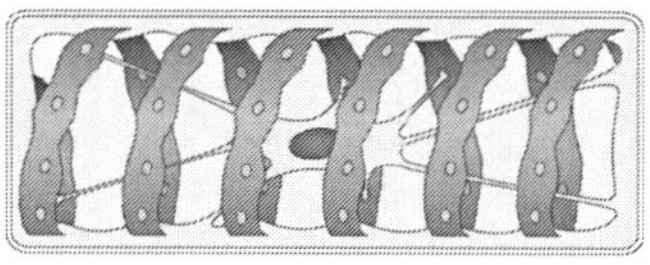	**Schraubenalge**	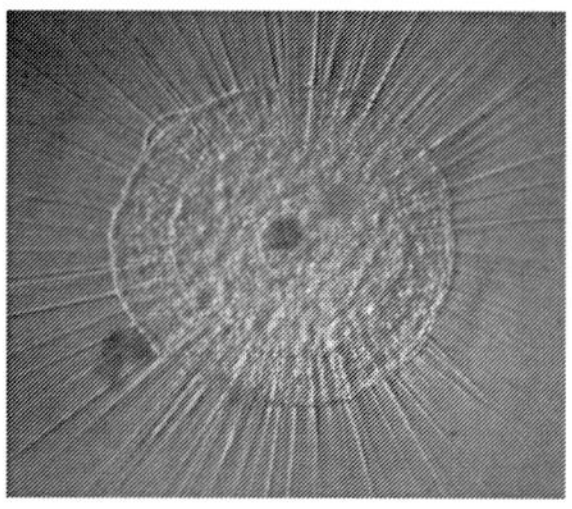
Sonnentierchen	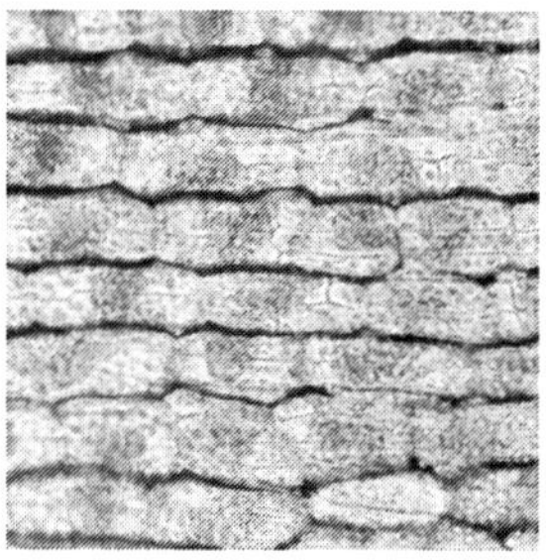	**Chloroplasten**	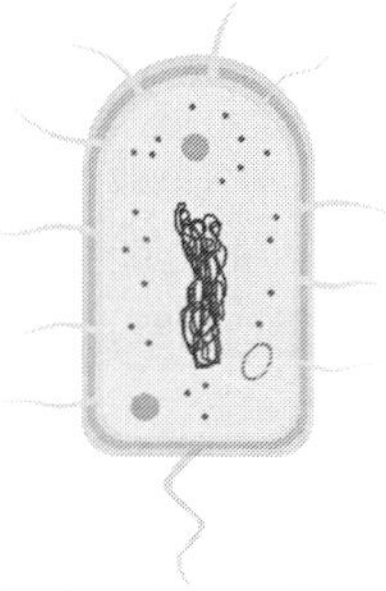
Prokaryotische Zelle	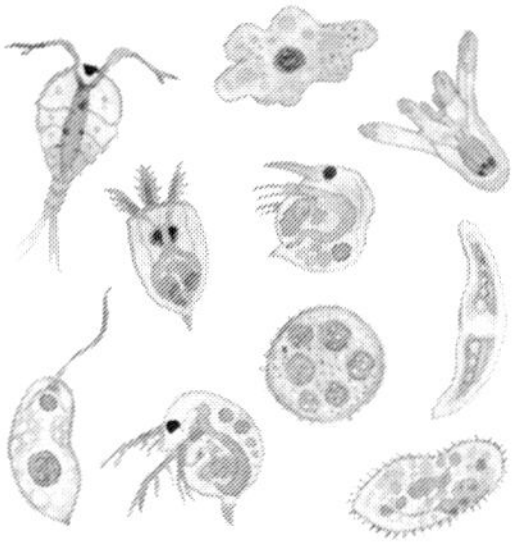	**Plankton**	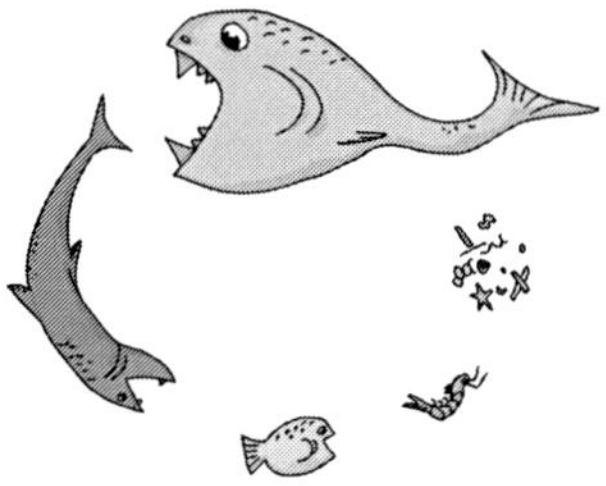
Nahrungskette	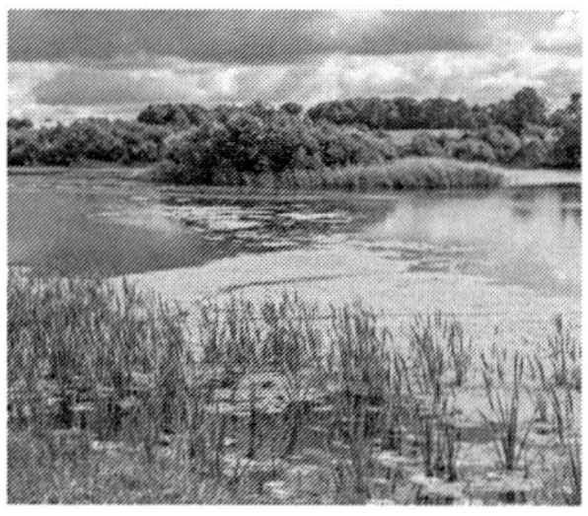	**Algenblüte**	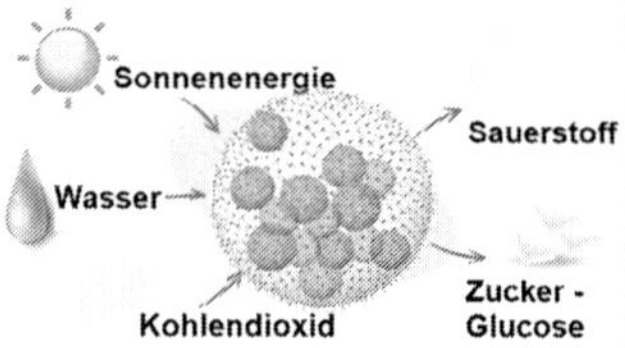Sonnenenergie Sauerstoff Wasser Kohlendioxid Zucker - Glucose
Photosynthese	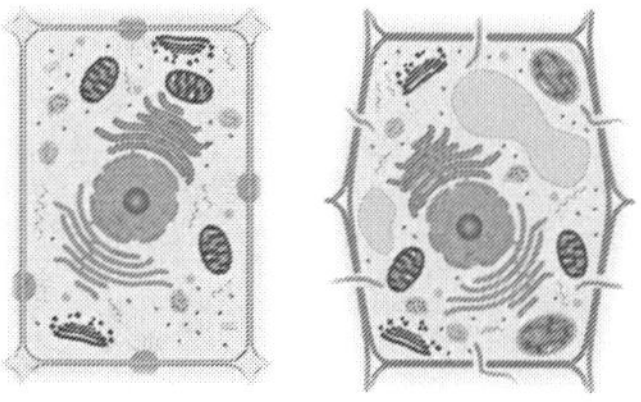	**Eukariotische Zellen**	**ENDE**

7 Zusatzmaterial

Übersicht der Tierchen

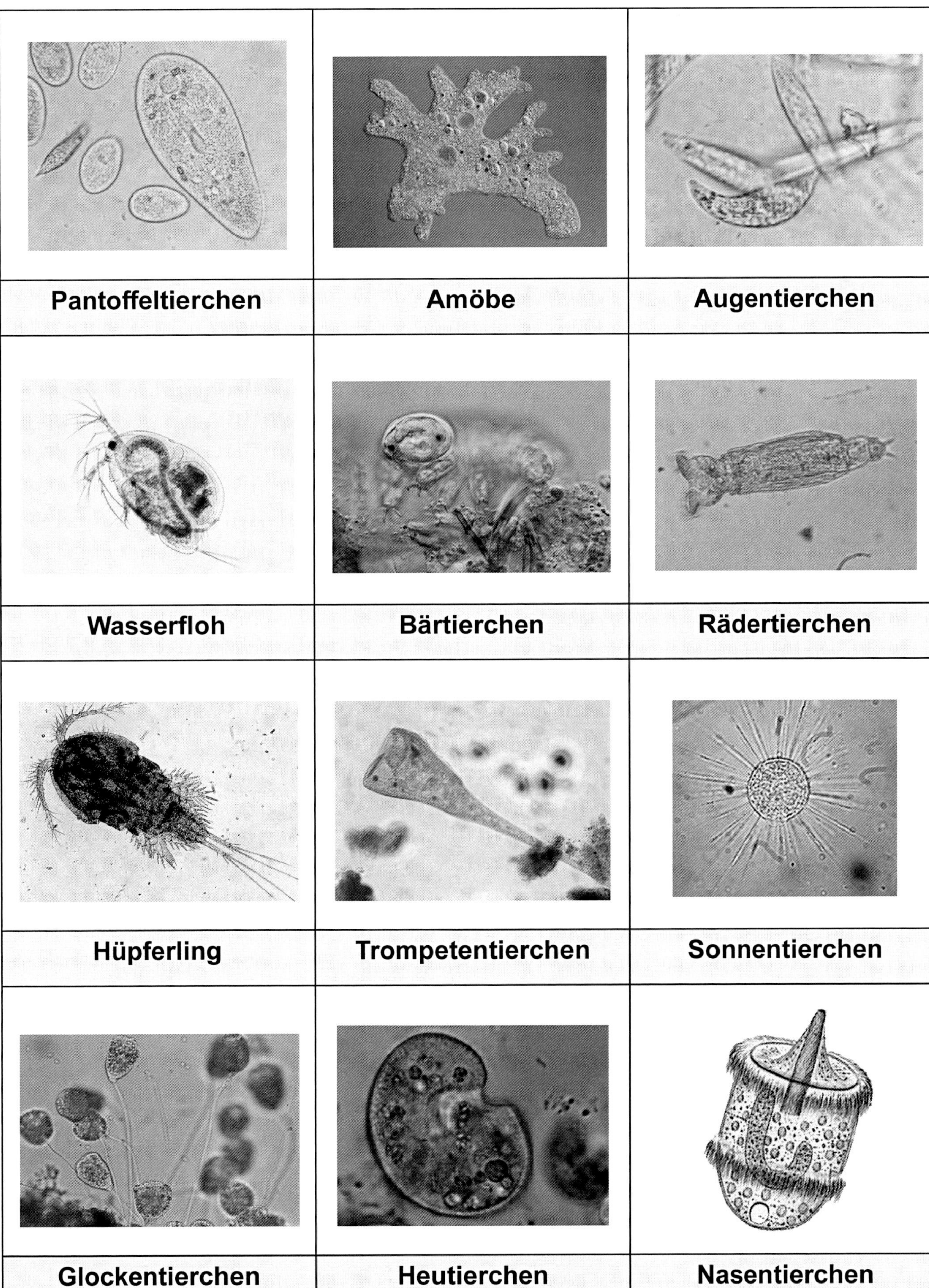

7 Zusatzmaterial

Übersicht Algen

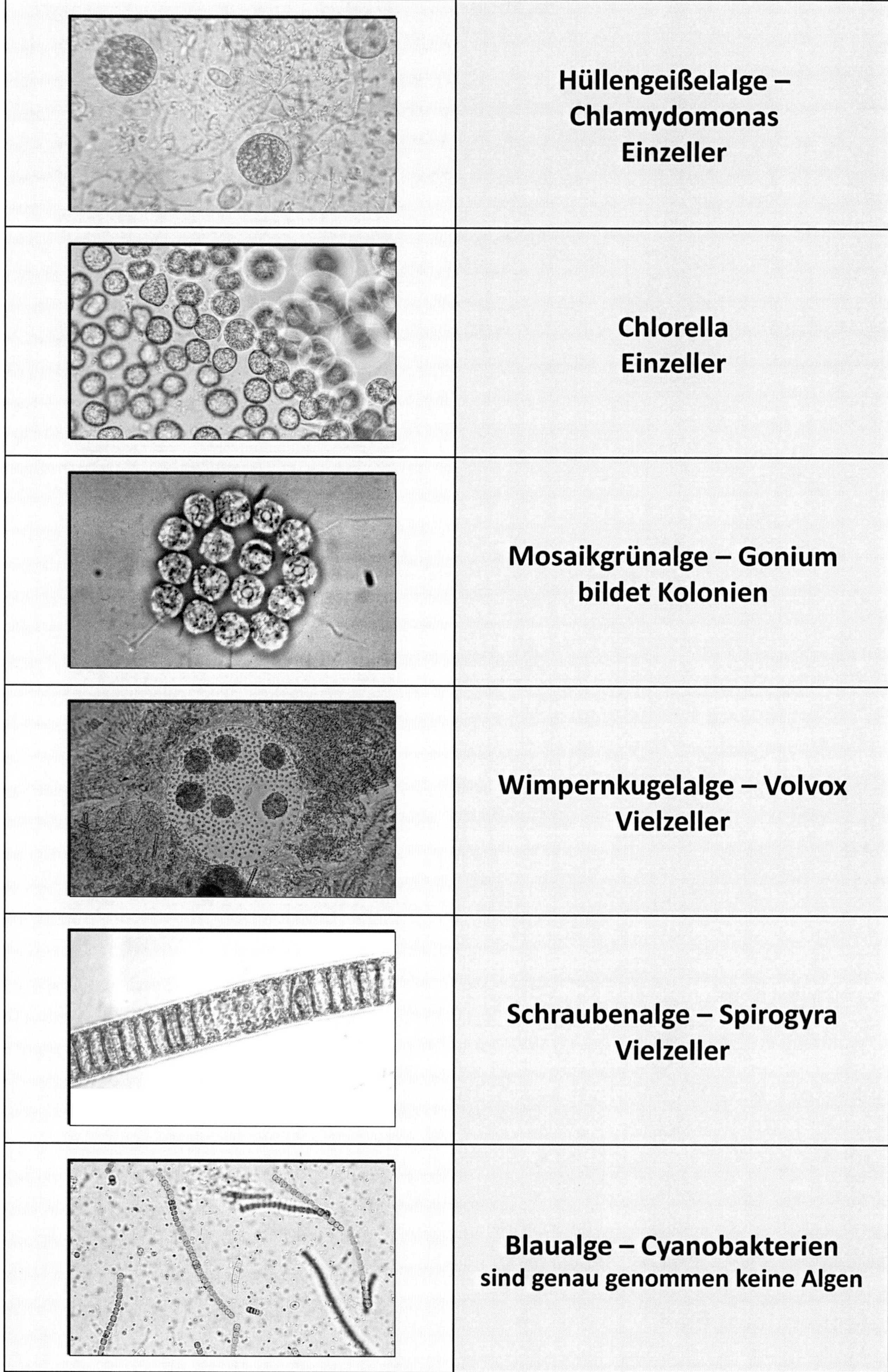

Lebewesen-Lexikon

Alge	Unter dem Begriff „Alge“ versteht man verschiedene, vor allem eukaryotische Lebewesen, die in der Natur meist in Gewässern vorkommen. Wie Pflanzen betreiben sie Photosynthese.
Augenfleck	Augenflecken (Stigmata): Sie ermöglichen den beweglichen Zellen die Orientierung am Licht.
Bakterien	Die Mikroben (Bakterien) sind ganz kleine Zellen (< 10 µm).
Chloroplasten	(griech. chloros = grün) Die Hauptfunktion der Chloroplasten ist das Betreiben der Photosynthese. Eine Pflanzenzelle kann einen einzigen Chloroplast oder auch mehrere enthalten.
Destruenten	Die Destruenten, wie Pilze und Bakterien, zersetzen tote, pflanzliche oder tierische Bestandteile und organische Abfallstoffe.
Detritus	Schwebe- und Sinkstoff in den Gewässern: Deren Hauptteil bilden abgestorbene Mikroorganismen.
Einzeller	Dies sind Organismen, die nur aus einer einzigen Zelle bestehen.
Ektoplasma	Das Ektoplasma, auch Außenplasma, ist die äußere Schicht des Zytoplasmas vieler einzelliger Organismen. Ektoplasma und Endoplasma bilden das Zytoplasma.
Endoplasma	Das Endoplasma enthält alle zentralen Organellen wie den Zellkern, Mitochondrien sowie Nahrungsvakuolen und andere Bestandteile der Zelle. Ektoplasma und Endoplasma bilden das Zytoplasma.
Eukaryoten	Dies sind einfache Zellen mit Zellkern.
Golgi Apparat	Dies sind am Zellstoffwechsel beteiligte Lamellen- oder Bläschenstrukturen in der tierischen und menschlichen Zelle.
Kolonie	Eine Kolonie ist eine Gruppe von Pflanzen, Tieren oder Bakterien, die in einer engen natürlichen Gemeinschaft leben. Jede Zelle kann aber auch alleine leben und sich vermehren.
Konsumenten	Die Pflanzen werden anschließend von pflanzenfressenden Tieren (Primärkonsumenten) verspeist. Die Pflanzenfresser werden wiederum von anderen Tieren gefressen (Sekundärkonsumenten). Eine Nahrungskette kannst du immer weiter fortsetzen, bis du beim Endkonsumenten (auch Spitzenprädator) anlangst. Er hat kaum Fressfeinde und ist das Ende der Nahrungskette.
Meiose	Die Meiose tritt bei der Bildung von Geschlechtszellen auf.
Mitose	Einfache Zellteilung
Nahrungskette	Die meisten Lebewesen fressen andere Lebewesen und werden selber gefressen. Das nennt man eine Nahrungskette. Es gibt zum Beispiel kleine Krebse, die fressen Algen. Fische fressen die kleinen Krebse, Fischreiher fressen die Fische.
Okular	Linse oder Linsensystem
Objektiv	Linse oder Linsensystem
Phagozytose	Phagozytose bezeichnet die Aufnahme von kleinen (Nahrungs-) Partikeln durch eine Zelle. Der Begriff leitet sich vom altgriechischen Wort „phagein“ (fressen) ab.

7 Zusatzmaterial

Lebewesen-Lexikon

Photosynthese	Mit Hilfe der Chloroplasten kann Sonnenlicht als Energie verwendet werden, um aus Kohlenstoffdioxid und Wasser Zucker (Glucose) und Sauerstoff herzustellen.
Phototaxis	Beschreibt die durch Licht gesteuerte Bewegung.
Plankton	Als Plankton bezeichnet man Tiere und Pflanzen, die im Wasser leben und sich von der Strömung herumtreiben lassen. Plankton kann sich also nicht selber und gezielt bewegen. Das griechische Wort für Plankton bedeutet „was im Wasser umherirrt“. Es gibt Phytoplankton und Zooplankton.
Phytoplankton	Phytoplankton bezeichnet autotrophes Plankton, vor allem bestehend aus Kieselalgen, Grünalgen, Goldalgen und anderen Algen sowie Cyanobakterien (traditionell auch „Blaualgen“ genannt).
Produzenten	Sie stellen aus anorganischen Stoffen im Boden und Sonnenenergie Biomasse (organische Stoffe) her.
Prokaryoten	Dies sind einfache Zellen ohne Zellkern, z. B. Bakterien.
Protisten	Dies sind zu den Eukaryoten gehörende, ein- bis mehrzellige Lebewesen, die in einem eigenen Reich zusammengefasst werden.
Protophyten	Zu den höheren Protophyten gehören Pilze, Algen und die Protozoen. Zu den niederen Protophyten gehören Blaualgen und Bakterien.
Protozoen	Dies ist eine veraltete Bezeichnung für eine Gruppe sehr verschiedener einzelliger, eukaryonter Organismen.
pulsierende Vakuole	Sie reguliert den Wasserhaushalt der Zellen.
Pyrenoid	Die Pyrenoide zählen als Speicherorte der Zucker, die bei der Photosynthese gebildet werden.
Tubus	Der Tubus liegt unter dem Okular. Er ist eine Art Röhre und vergrößert den Abstand zwischen Okular und Objektiv. Das Bild wird umso größer, je länger der Tubus ist.
Vakuolen	Vakuolen sind die größten Organellen in pflanzlichen Zellen. Dabei erfüllen sie eine Vielzahl wichtiger Aufgaben. Sie können bis zu 90 % der Zelle ausfüllen und sind aufgrund ihrer Größe sogar unter dem normalen Mikroskop (Lichtmikroskop) erkennbar. Ihre Grenze zur restlichen Zelle bildet eine Membran.
Vesikel	Vesikel sind sehr kleine, in der Zelle gelegene, rundliche bis ovale Bläschen, die von einer Hülle umgeben sind. Sie sind für den Transport vieler Stoffe verantwortlich.
Vielzeller	Es sind Lebewesen, die aus vielen Zellen bestehen.
Zelle	Sie ist die kleinste Einheit der Lebewesen.
Zellkolonien	Zellkolonien gelten als Zwischenglied zwischen Einzellern und Vielzellern. Jede Zelle der Kolonien ist selbstständig.
Zooplankton	Zum tierischen Plankton oder Zooplankton zählt man zum Beispiel verschiedene einzellige Lebewesen, Wimperntierchen, Krebstiere, Kleinkrebse (z. B. Krill) und Larven vieler Wasserbewohner.

Lösungen

1 Das Mikroskop

Aufgabe 1:

a) Antony van Leeuwenhoek entwickelte eines der ersten Mikroskope.
b) Es war um 1637.
c) Der Jenaer Mathematiker und Physiker Ernst Abbe gründete mit Carl Zeiss und dem Glashersteller Otto Schott ein „Glaslabor".
d) 50 x 8 = 400-fach
e) Ab einer Vergrößerung größer als 1.000 wird mit einem Elektronenmikroskop gearbeitet.

Aufgabe 2:

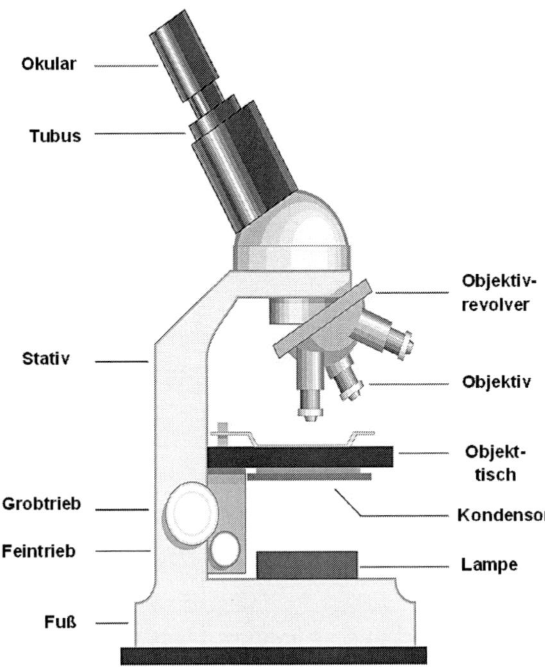

Aufgabe 3: Der Reihe nach: Objektträger, Präpariernadel, Pipette mit Gummihütchen, Rasierklinge, Pinzette, Skalpell, Deckglas

Aufgabe 4: freie Antworten

2 Die kleinen Lebewesen

Aufgabe 1:

a) Die Urbakterien sind älter.
b) Es gibt sie seit etwa 2,7 Billionen Jahren.
c) Eukaryoten gibt es seit 2 Billionen Jahren.

Aufgabe 2:

140 µm = 0,14 mm
50 µm = 0,05 mm
2 mm = 2000 µm
0,2 mm = 200 µm
0,04 mm = 40 µm

Aufgabe 3:

a) Man unterscheidet zwischen Prokaryoten (ohne Zellkern) und Eukaryoten (mit Zellkern). Zu den Einzellern gehören viele Pilze, Protozoen und Algen. Die Fortbewegung der Einzeller geschieht durch Geißeln, Wimpern oder Scheinfüßchen. Bekannte tierische Einzeller sind die Amöben, das Augentierchen und das Pantoffeltierchen. Einzeller pflanzen sich durch Zellteilung fort.

Lösungen

2 Die kleinen Lebewesen

Aufgabe 3:

b) der Reihe nach: Eukaryoten, Prokaryoten, Eukaryoten

Aufgabe 4:

a) Einzeller haben einen Zellkern, Bakterien nicht.
b) Das pulsierende Bläschen regelt den Wasserhaushalt der Zelle.
c) Chloroplasten (chloros = grün) sind die Organellen, die den Pflanzen und Algen ihre typisch grüne Farbe verleihen.
d) Einzeller haben Organellen, die die Funktionen der Organe übernehmen.
e) Die pflanzlichen Einzeller heißen Protophyten, die tierischen heißen Protozoen.
f) Bei schlechten Bedingungen können Einzeller durch Bildung von Schutzhüllen Dauerstadien bilden.

Aufgabe 5:

a) Protophyten sind pflanzliche Einzeller, Protozoen tierische.
b) Protophyten sind Algen und Pilze, Protozoen sind z. B. Wimperntierchen, Wechseltierchen und Geißeltierchen.
c) Die meisten tierischen Einzeller sind auf Nahrung von außen angewiesen. Sie ernähren sich heterotroph (= fremdernährend). Die pflanzlichen Einzeller können Photosynthese betreiben und sich somit ihre Nahrung selbst herstellen. Die Ernährung nennt man autotroph (sich selbst ernährend).
d)

Teil der Zelle	Pflanzenzelle	Tierzelle	Funktion
Zellwand	ja	nein	Stoffaustausch
Zellmembran	ja	ja	Stoffaustausch
Zellplasma (Zytoplasma)	ja	ja	Transport und Verwertung von Nährstoffen
Bläschen (Vakuole)	ja	nein	Wasser- und Nährstoffvorrat
Zellkern	ja	ja	Steuerung und Erbinformationen
Chloroplasten	ja	nein	Photosynthese

Aufgabe 6:

a) Alle Zellen besitzen: Endoplasmatische Retikulum (ER), Mitochondrien, Golgi-Apparat, Zytoplasma, Zellkern
b) Die Pulsierende Vakuole und Chloroplasten besitzen nur die pflanzlichen Zellen.

Aufgabe 7:

a) Pflanzen können mit Hilfe von Sonnenenergie aus Kohlendioxid und Wasser Sauerstoff und Glucose (Zucker) bilden.
b) Pyrenoide sind die Speicherorte der Zucker, die bei der Photosynthese gebildet werden.

Aufgabe 8:

1	Der Einzeller im „Normalzustand“.
2	Der Einzeller vergrößert sich.
3	Die Organellen verdoppeln sich.
4	Eine Trennung wird ersichtlich.
5	Es entstehen 2 Zellen.

Aufgabe 9:

a) Oozyten sind Eizellen, Spermien sind Samenzellen.
b) Der Chromosomensatz umfasst genau 23 Chromosomen.
b) Diese Keimzellen oder auch Gameten vermischen sich bei der Befruchtung. Die Eizelle wird dabei vom Spermium befruchtet.
b) Die befruchtete Eizelle hat dann wieder die vollständigen Chromosomen mit 46 Stück.

Lösungen

2 Die kleinen Lebewesen

Aufgabe 10:

a) Kräuter, Schnecke, Igel, Uhu
Nüsse, Eichhörnchen, Falke, Adler
Blätter, Ameise, Amsel, Marder
Mais, Maus, Schlange, Raubvogel

b) freie Antworten

Aufgabe 11:

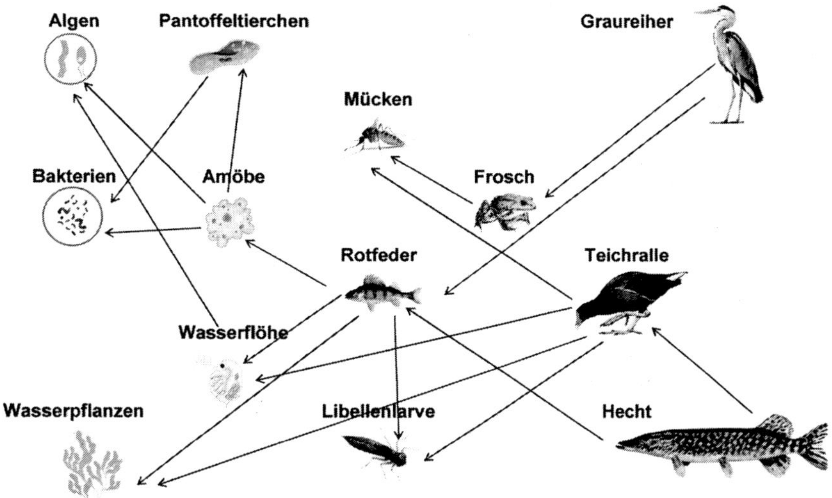

3 Aufzuchtstationen

Aufgabe 1:

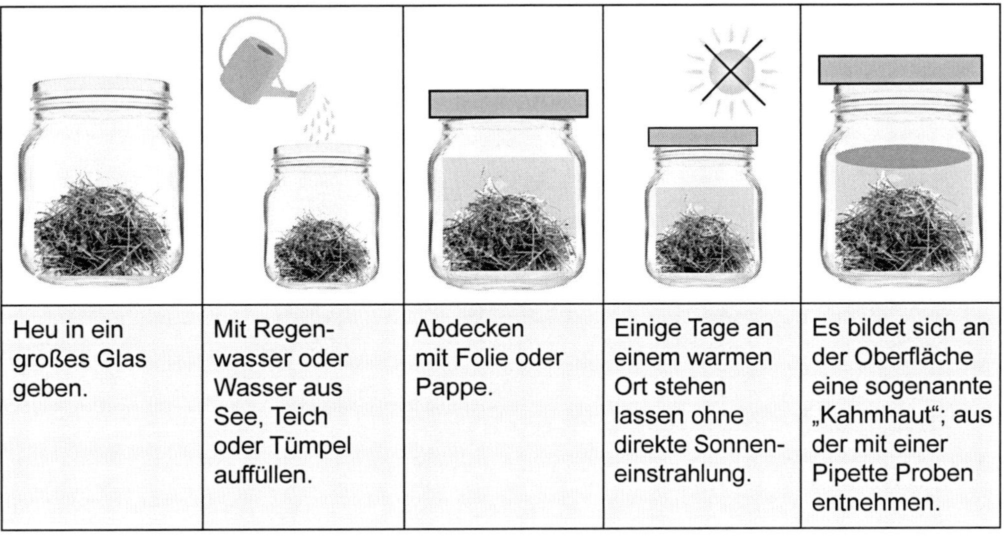

Heu in ein großes Glas geben.	Mit Regenwasser oder Wasser aus See, Teich oder Tümpel auffüllen.	Abdecken mit Folie oder Pappe.	Einige Tage an einem warmen Ort stehen lassen ohne direkte Sonneneinstrahlung.	Es bildet sich an der Oberfläche eine sogenannte „Kahmhaut“; aus der mit einer Pipette Proben entnehmen.

Aufgabe 2:

A M Ö **B** E N
A U G E N T I E R C H E N
G L O C **K** E N T I E R C H E N
H E U **T** I E R C H E N
R Ä D **E** R T I E R C H E N
H Ü P F E **R** L I N G E
S O N N E N T **I** E R C H E N
W A S S **E** R F L Ö H E
P A **N** T O F F E L T I E R C H E N

Lernwerkstatt
Lebewesen unter dem Mikroskop – Bestell-Nr. 12 691

Lösungen

3 Aufzuchtstationen

Aufgabe 3: eigene Antworten

Aufgabe 4:

E	D	I	**T**	**E**	**I**	**C**	**H**	G	E	**S**	N	L
L	**W**	U	N	E	T	U	M	I	U	**O**	U	Z
K	**A**	**Q**	**U**	**A**	**R**	**I**	**U**	**M**	T	**N**	E	G
A	**S**	T	I	K	L	O	S	E	R	**N**	R	O
U	**S**	P	E	R	S	U	K	I	L	**E**	**B**	S
F	**E**	**N**	**S**	**T**	**E**	**R**	V	E	R	N	**E**	T
O	**R**	O	S	I	N	A	N	T	E	R	**I**	R
P	**P**	S	C	H	W	I	D	E	M	L	**M**	Ö
L	**E**	**N**	**A**	**H**	**R**	**U**	**N**	**G**	A	S	**P**	S
A	**S**	L	O	C	H	W	E	L	D	E	**F**	A
T	**T**	**Ü**	**M**	**P**	**E**	**L**	**W**	**A**	**S**	**S**	**E**	**R**
Z	U	N	D	R	I	K	E	S	J	A	**N**	I
K	**O**	**H**	**L**	**R**	**A**	**B**	**I**	B	E	R	L	I
A	H	D	E	O	**H**	**E**	**I**	**Z**	**U**	**N**	**G**	F

4 Die Tierchen – genau betrachtet

Aufgabe 1:

a) Als Plankton bezeichnet man alle Lebewesen im Meer und im Süßwasser, die sich nicht selbst fortbewegen können, sondern sich von der Wasserbewegung treiben lassen. Es gibt pflanzliches (Phytoplankton) und tierisches Plankton (Zooplankton).

b)

Nr.	Bezeichnung	Aufgabe
1	Zellafter	Ausscheidung von Resten
2	Zellmund	Bildung von Nahrungsbläschen
3	Mundfeld	Einstrudeln von Nahrungsteilchen
4	Wimpern	Fortbewegung und Strudeln
5	Zellhaut, Membran	Form, Schutz, Abwehr
6	Zellkern	Fortpflanzung, Steuerung von Zellfunktionen
7	Nahrungsbläschen	Verdauung
8	Zellplasma	Stoffwechsel
9	Pulsierendes Bläschen	Ausscheidung von Abfallstoffen und Wasserhaushalt

Aufgabe 2:

a) Sie ernähren sich von Bakterien.

b) Glockentierchen und Trompetentierchen können ihre Lage verändern, indem sie sich losmachen und an anderer Stelle wieder festsetzen.

c) Das Trompetentierchen ist eines der größten Einzeller

d) Trichozysten sind fadenförmige, mit Sekret gefüllte Eiweißstäbchen bei den Wimpertierchen. Sie können explosionsartig zur Verteidigung oder zum Beutefang ausgestoßen werden, wobei sie ihre achtfache ursprüngliche Länge erreichen. Nachdem eine Trichozyste einmal ausgestoßen wurde, kann sie nicht mehr verwendet werden. Sie wird durch andere Trichozysten ersetzt. Trichozysten besitzen unter anderem Pantoffeltierchen.

e) eigene Antworten

Lösungen

4 Die Tierchen – genau betrachtet

Aufgabe 3:

a) Die Amöbe benutzt ihre Pseudopodien zur Fortbewegung und zur Nahrungsaufnahme.

b) Die Amöbe bewegt sich vorwärts, seitwärts und rückwärts, indem sie ihr Plasma verschiebt.

c)

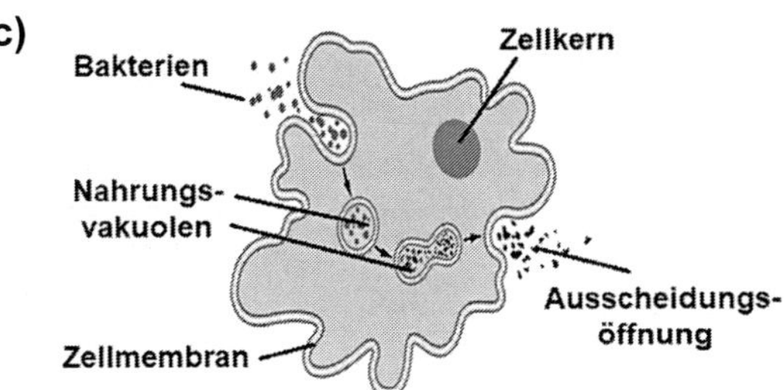

Aufgabe 4: Lösungswort: **Wasserlauf**

Aufgabe 5:

a) Das Augentierchen hat eine Geißel, mit der es sich fortbewegen kann.

b) Bei günstigen Lichtverhältnissen kann sich das Augentierchen autotroph ernähren. Findet es aber keine Sonne, frisst sie andere Lebewesen – man nennt das heterotroph.

c)

Tierische Eigenschaften	Pflanzliche Eigenschaften
Augenfleck	Photosynthese
Heterotrophie	Autotrophie
pulsierendes Bläschen	Chloroplasten
	stärkeähnliche Speicherstoffe

Aufgabe 6:

a)

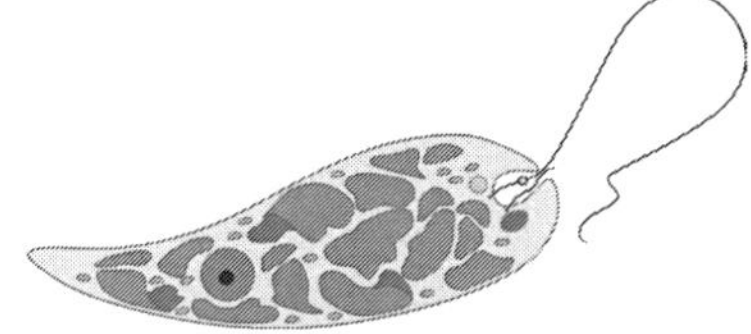

b) Organische Stoffe werden von Lebewesen im Stoffwechsel gebildet. Sie enthalten immer das Element Kohlenstoff, fast alle auch Wasserstoff. Anorganische Stoffe hingegen sind all diejenigen, die keine Kohlenstoff-Ketten vorweisen.

Aufgabe 7:

Name: Wasserfloh
Größe: 1-4 mm
Vorkommen: Sie kommen in fast jeder Art von Süßwasser vor.
Nahrung: Phytoplankton, kleine Algen und Bakterien
Fortbewegung: leicht hüpfend
Vermehrung: geschlechtlich und ungeschlechtlich

Aufgabe 8:

a)
1. Nein, Hüpferlinge werden 0.5-1 mm groß.
2. Nein, Hüpferlinge kommen weltweit im Süßwasser, seltener im Brackwasser vor.
3. Nein, Hüpferlinge haben nur ein Auge.
4. Nein, sie leben von kleinen Pflanzenteilen, Tierchen oder Aas.
5. Nein, das Weibchen trägt die Eipakete rechts und links am Hinterleib.
6. Nein, in Mitteleuropa sind ca. 20 Arten vertreten.
7. Nein, Hüpferlinge vermehren sich stets zweigeschlechtlich.

Lösungen

4 Die Tierchen – genau betrachtet

Aufgabe 8:

b) Polyphem wohnte abseits in einer Höhle und hütete Schafe und Ziegen. Odysseus landete während seiner Irrfahrten („Odyssee") auf der Insel und betrat mit zwölf Gefährten Polyphems Höhle. Als der Kyklop die Eindringlinge bemerkte, stellte sich Odysseus als schiffbrüchiger Grieche vor und bat um Bewirtung. Polyphem gewährte kein Gastrecht, sondern rollte einen Riesenfels vor den Ausgang und fraß zwei Gefährten des Odysseus. Als sich der Riese daraufhin schlafen legte, wagten die Griechen nicht, ihn zu töten, da sie auch alle zusammen den Stein nicht wegwälzen konnten. Am nächsten Tag verspeiste der Kyklop abermals Menschenfleisch, doch Odysseus servierte ihm anschließend starken Wein. Als Polyphem in tiefen Schlaf gefallen war, stießen die Griechen ihm einen glühenden Pfahl in sein einziges, mitten auf der Stirn befindliches Auge (das „Zyklopenauge"). Als der Blinde seine Tiere am nächsten Morgen zur Weide hinauslassen musste, tastete er alle ab. Odysseus und seine Gefährten konnten aus der Höhle entkommen, indem sie sich im Bauchfell der Schafe festklammerten. Odysseus verhöhnte von seinem Schiff aus den blinden Riesen, der ihn fast noch mit einem Felswurf getroffen hätte. Polyphem bat aus Rache Poseidon, Odysseus nie wieder in seine Heimat zurückkehren zu lassen. So kam es zur zehnjährigen Irrfahrt des Odysseus.

Aufgabe 9:

a) Das Rädertierchen besteht aus Kopf, Rumpf und Fuß.

b) Das Räderorgan (Strudelorgan) dient zum einen der Fortbewegung und zum anderen dem Einstrudeln von Nahrungsteilchen.

c) Der Fuß des Rädertiers hat zwei Anhänge mit Klebedrüsen, mit dem es sich an einem Untergrund festheften kann.

d) Rädertierchen werden 0,5 bis 1 mm groß.

e) Rädertiere sind Allesfresser, einige leben sogar vom Kannibalismus.
Die meisten Arten ernähren sich von zerfallendem organischem Material sowie Algen und Phytoplankton.

f) Mit dem Begriff Kannibalismus wird das Verzehren von Artgenossen oder Teilen derselben bezeichnet.

g) Das Rädertierchen lebt auf dem Land, in Bäumen und feuchtem Moos. Hier sind sie ebenso zu Hause wie im Meer oder im Süßwasser. Sie leben entweder dauerhaft an Pflanzen festsitzend oder freischwebend im Wasser.

Aufgabe 10:

Wimpertierchen	Wurzelfüßer	Augentierchen	Krebstierchen
Pantoffeltierchen bis 0,3 mm bis 300 µm	Amöbe 0,1 – 0,5 mm 100 – 500 µm	Euglera 0,05 mm etwa 50 µm	Wasserfloh 1 – 4 mm 1000 – 4000 µm
Heutierchen 0,05 – 0,12 mm 50 – 120 µm	Sonnentierchen 0,04 – 0,05 mm 40 – 50 µm		Hüpferling 0,5 – 1 mm 500 – 1000 µm
Nasentierchen 0.08 – 0,12 mm 80 – 150 µm			
Glockentierchen 0,05 – 0,12 mm 50 – 150 µm			
Trompetentierchen bis 2 mm bis 2000 µm		**Rädertierchen** 0,1 – 0,5 mm 100 – 500 µm	**Bärtierchen** 0,1 – 0,5 mm 100 – 500 µm

Lösungen

4 Die Tierchen – genau betrachtet

Aufgabe 11:

a) **Gemeinsamkeiten**:

- Beide bestehen nur aus einer einzigen Zelle.
- Beide vermehren sich durch Zellteilung.
- Beide besitzen Pulsierende Bläschen.
- Beide bilden Nahrungsbläschen.
- Beide können Zysten bilden und so ungünstige Lebensbedingungen überstehen.

b) **Unterschiede**:

- Pantoffeltierchen besitzen eine feste Form; Amöben ändern dauernd ihre Gestalt.
- Pantoffeltierchen bewegen sich mit Hilfe von Wimpern fort; Amöben bilden Scheinfüßchen aus.
- Pantoffeltierchen besitzen feste Zellbereiche für die Nahrungsaufnahme und die Ausscheidung, Zellmund und Zellafter; Amöben können an jeder beliebigen Stelle ihrer Zelloberfläche durch Umfließen (Phagocytose) Nahrung aufnehmen und unverdauliche Reste ausscheiden.
- Pantoffeltierchen haben zwei Pulsierende Bläschen; Amöben besitzen nur eines.
- Pantoffeltierchen leben in freiem Wasser und schwimmen; Amöben kriechen auf einer Unterlage.

5 Algen

Aufgabe 1:

1	Es gibt Mikroalgen und Makroalgen.
2	Makroalgen können bis 606 m lang werden.
3	Nicht alle Algen kann man mit bloßem Auge erkennen.
4	Algen haben keine richtigen Wurzeln.
5	Algen sind autotroph.
6	Algen haben einen Zellkern.
7	Man findet sie im Süß- und im Salzwasser.
8	Sie sind eine wichtige Nahrungsquelle für viele Tiere.
9	Es gibt Grünalgen, Braunalgen und Rotalgen.
10	Blaualgen heißen eigentlich Cyanobakterien.
11	Viele Algen sind Einzeller.
12	Sie können mit Sonnenlicht ihre Nahrung selbst herstellen.
13	Algen leben im Süß- und im Salzwasser.
14	Es gibt auch Rotalgen.

Aufgabe 2:

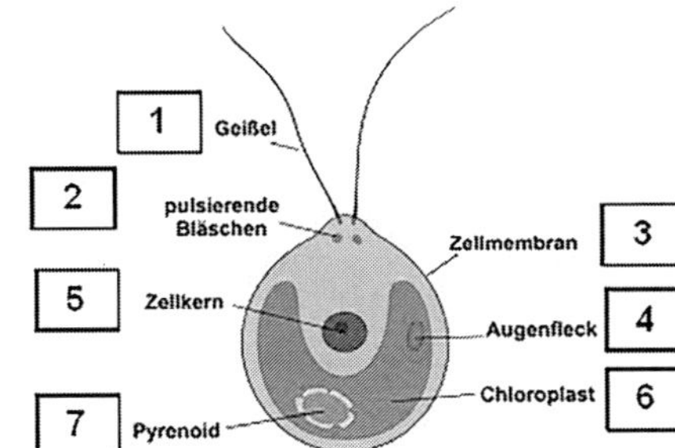

Lernwerkstatt
Lebewesen unter dem Mikroskop – Bestell-Nr. 12 691

Lösungen

5 Algen

Aufgabe 3:

a) Chlorella bedeutet auf Deutsch so viel wie „kleines, junges Grün“.

b) Jede Zelle enthält einen einzelnen Chloroplasten.

c) Die Zellen sind mit 4 bis 10 µm Durchmesser sehr klein.

Aufgabe 4:

a) Eine Kolonie ist eine Gruppe von Pflanzen, Tieren oder Bakterien, die in einer engen natürlichen Gemeinschaft leben. Jede Zelle kann aber auch alleine leben und sich vermehren.

b) Sie leben alle in Kolonien.

c) Chlamydomonas und Chlorelle sind Einzeller, Gonium, Pandrina und Eudorina leben in Kolonien.

Aufgabe 5:

Die ersten **Lebewesen** waren Einzeller. Sie haben oft am gleichen Ort gelebt. Manchmal lebten sie so eng zusammen, dass sie als **Kolonien** bezeichnet wurden. In einigen Kolonien konnten die Zellen untereinander **Stoffe** austauschen. Langsam hat sich in diesen Kolonien eine **Arbeitsteilung** entwickelt. Die Zellen verrichteten immer mehr ihren **Teil** der Arbeit, bis sie schließlich von den anderen Zellen abhängig und nicht mehr allein **lebensfähig** waren. Ein **mehrzelliger** Organismus war entstanden.

Aufgabe 6:

a) Die Schraubenalge gehört mit zu den einfachsten Vielzellern unter den Grünalgen.

b) Sie besitzt keine Geißeln oder Wimpern.

c) Sie hat einen bis zwei große schraubenförmige Chloroplasten in jeder Zelle.

Aufgabe 7: Lösungswort: **Wasser**

Aufgabe 8: Algen wachsen am besten, wenn es warm ist und genügend Nahrung vorhanden ist.

5 Gemischte Aufgaben

Aufgabe 1:

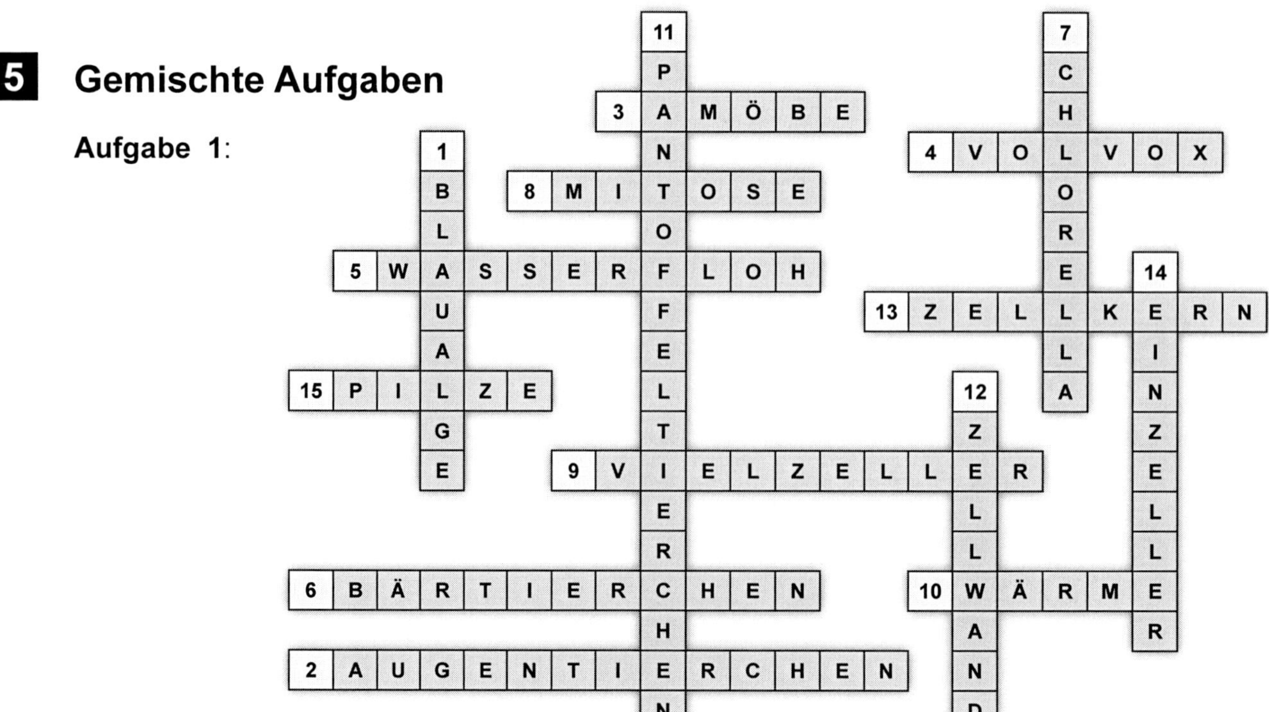

ɔriela Rosenwald

›gel

Leben aus der Vogelperspektive

e Werkstatt zum spannenden Thema „Vögel". Die Ko-vorlagen beinhalten informative Texte und abwechs-ɡsreiche Arbeitsblätter. Die Gestaltung des Heftes lädt zum selbstständigen Arbeiten oder zur Freiarbeit.

alt: Entwicklung der Vogelwelt; Körperbau. Gefieder; ınäbel. Sinne. Fortpflanzung, Organe, Vogelflug; Aus-vählte Vogelarten; Vögel ordnen; Vogelquiz für Experten m.

5 6 7 8 9 10

92 Seiten | 11 022 | ab 14,99 €

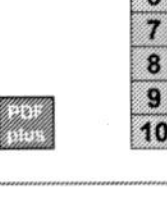

5.-10. Schuljahr Gabriela Rosenwald — Lernwerkstatt Vögel — Ein Leben aus der Vogelperspektive

Christiane Zettl

Luchs, Wildkatze & Co

NEU

Deutschlands wilde Tiere genauer betrachtet

Wilde Tiere in Deutschland? Ein spannendes Thema, um Kinder für einen verantwortungsvollen Umgang mit der Natur zu sensibilisieren. Mittlerweile gibt es unterschiedlichste Wildtierarten in Deutschland. Doch, wer kennt sie wirklich? Weshalb sind sie überhaupt verschwunden und kehren jetzt wieder zurück? Das und mehr erfahren die Kinder in dieser Lernwerkstatt! Der Schwerpunkt liegt dabei auf den beiden Wildkatzenarten Luchs und Wildkatze. In spannenden Aufgaben und auf abwechslungsreichen Arbeitsblättern wird die Rückkehr der Wildtiere thematisiert. Spiele und Bastelideen runden das Material ab.

5 6

48 S. | 12 689 | ab 12,49 €

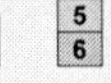

3.-6. Schuljahr Christiane Zettl — Lernwerkstatt Luchs, Wildkatze & Co — Deutschlands wilde Tiere genauer betrachtet

Klasse 5 6 7 8 9 10 11-13

Naturwissenschaften

ːhael Freund

ene

ssenswertes rund um die Honigbiene

fächerübergreifende Lernwerkstatt vermittelt wesent-e biologische Erkenntnisse und kulturgeschichtliche In-te. Neben naturwissenschaftlich bedeutsamen Themen Leben in einem Bienenstaat, Kastenwesen der Bienen. perbau. Fortpflanzung, Ernährung usw. finden sich auch dichte, Märchen und Fabeln, die zur interdisziplinären eit anregen. Auch die Fächer Mathematik, Sport und ographie können einen Beitrag dazu leisten, diese fas-ierenden Geschöpfe aus verschiedenen Blickwinkeln zu rachten.

5 6 7 8

48 Seiten | 12 273 | ab 13,49 €

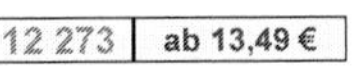
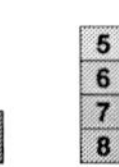

4.-8. Schuljahr Michael Freund — Lernwerkstatt Biene — Wissenswertes rund um die Honigbienen

Birgit Brandenburg

Wolf, Hund & Co

Nachdem der Wolf verjagt und nahezu ausgerottet wurde, kehrt er langsam wieder in unseren Lebensraum zurück. Die Wiederansiedelung im europäischen Raum hat stattgefunden ...

Inhalt: Der Wolf kehrt heim; Leben mit dem Wolf: Sagen, Märchen und Aberglaube: Friedliches Zusammenleben: Wie kommt der Wolf zum Dackel?: Mit allen Sinnen; „Berufstätige Hunde"; Jagd-, Service-, Hirten-, Dienst- & Gesellschaftshunde; Seltsame Verwandte u.v.m.

5 6

48 S. | 11 862 | ab 12,49 €

3.-6. Schuljahr Birgit Brandenburg — Lernwerkstatt Wolf, Hund & Co — Die Familie der Hunde näher beleuchtet

ɔlfgang Wertenbroch

aatenbildende Insekten

alt: Was sind Insekten?; Der Insektenstaat (Bienenvolk, Bienenstock, mmunikation der Bienen); Wespen (Papierhaus der Wespen, ein Volk steht, Speisekarte von Larven und erwachsenen Wespen, das Jahr der spe); Hornissen; Rote Waldameisen (der Ameisenbau, So leben Amei-. Kommunikation von Ameisen)

5 6

52 Seiten | 10 794 | ab 13,49 €

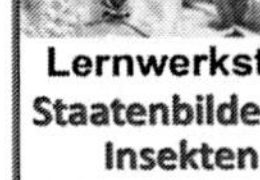

2.-6. Schuljahr Wolfgang Wertenbroch — Lernwerkstatt Staatenbildende Insekten — Biene, Wespe, Hornisse, Rote Waldameise

Ulrike Stolz & Lynn-Sven Kohl

Tiere im Winter

Winterschläfer, Winterruher & winteraktive Tiere

Inhalt: Winterschläfer (Igel); Winterruher (Eichhörnchen); Winteraktive Tiere (Fuchs, Reh); Winterstarre (Eidechse, Frosch); Zugvögel (Schwalbe, Storch); Standvögel (Amsel, Kohlmeise); Vogelfütterung im Winter; Tierspuren im Schnee; Weitere Tiere im Winter; Der Feldhase im Winter

5 6 7

36 Seiten | 10 653 | ab 11,99 €

3.-7. Schuljahr — Lernwerkstatt Tiere im Winter — Winterschläfer, Winterruher und winteraktive Tiere

ɔlfgang Wertenbroch

ücken, Fliegen & Käfer

alt: Das Insektenauge; Stuben-, Schmeiß-, Schweb- & Minierfliegen; msen; Mücken (Stechmücke, Larven); Maikäfer; Borkenkäfer - ein ldschädling; Marienkäfer; Rüsselkäfer; Totengräber; Der Chitinpanzer; s Mehlkäfer-Projekt u.v.m.

5 6

48 Seiten | 10 793 | ab 11,99 €

3.-6. Schuljahr Wolfgang Wertenbroch — Lernwerkstatt Mücken, Fliegen & Käfer — Von der Stubenfliege bis zum Rüsselkäfer

Claudia Eisenberg

Winterschläfer, -ruher & -aktive

Igel, Eichhörnchen, Wildkaninchen & Co.

Inhalt: Winterschläfer: Der Igel (Lebensraum, Aussehen, Sinne und Kommunikation, Winterschlaf, Nahrung, Nachwuchs, Freunde und Feinde ...); Winterruher: Das Eichhörnchen (Lebensraum, Verhalten, Aussehen, Nahrung ...); Das winteraktive Wildkaninchen u.v.m.

5 6

112 Seiten | 11 298 | ab 18,99 €

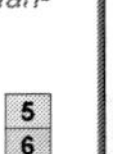

3.-6. Schuljahr Claudia Eisenberg — Lernwerkstatt Winterschläfer, Winterruher & -aktive — Igel, Eichhörnchen, Wildkaninchen & Co

ɔritz Quast & Lynn-Sven Kohl

ɔm Kokon zum Schmetterling

alt: Was ist ein Schmetterling?; Lebenszyklus (Metamorphose); Ei. upe; Puppe; Falter; Verschiedene Schmetterlingsarten; Schmetterlings-mory; Die kleine Raupenzucht; Unser Schmetterlingsgarten; Überwinte-ɡsstrategien; u.v.m.

5 6

36 Seiten | 10 657 | ab 10,99 €

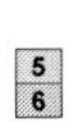

2.-6. Schuljahr — Lernwerkstatt Vom Kokon zum Schmetterling — Wissenswertes über die wunderschönen Insekten

Wolfgang Wertenbroch

Der Igel

Der stachelige Insektenfresser unter der Lupe

Inhalt: Was ist ein Igel?; Das Stachelkleid unseres Igels; Wo ist der Igel zu Hause?; Wir Igel über uns; Unser Speiseplan; Unsere Fressfeinde; Igelkinder; Märchenhaftes; Der Igel im Winter; Igel-Basteleien; Zur eigenen Kontrolle; Erstaunliches über den Igel u.v.m.

5

44 Seiten | 10 814 | ab 11,99 €

2.-5. Schuljahr Wolfgang Wertenbroch — Lernwerkstatt Igel — Der stachelige Insektenfresser unter der Lupe

ja Hammelstein

ːhildkröten — Das Tier unter dem Panzer

alt: Schildkrötenarten (Riesen-, Suppen-, Rotwangenschmuckschild-ːte, Griechische Landschildkröte, Geierschildkröte, Lederschildkröte); ck unter den Schildkrötenpanzer; Der Schildkrötenkopf; Lebensweise; hrung u.v.m.

5 6

36 Seiten | 10 646 | ab 11,99 €

2.-6. Schuljahr Anja Hammelstein — Lernwerkstatt Schildkröten — Wissenswertes über das Tier unter dem Panzer

Gabriela Rosenwald

Fledermaus — Alles rund um die nachtaktiven Tiere

Inhalt: Aus dem Inhalt: Was sind Fledermäuse?; Die verschiedenen Fledermausarten; Körperbau; Fledermaus Tini erzählt: Wohnraum, Nahrung und Jagd, Echoortung, Begattung, Winterschlaf, Wochenstube; Fledermaus-Schutz; Fledermaus-Domino; Fledermaus-Quiz; Ausmal- und Suchbild; Eine Fledermaus basteln; Fledermaus-Mandalas; Geschichten rund um die Fledermaus u.v.m.

5 6 7

44 Seiten | 11 214 | ab 12,49 €

2.-7. Schuljahr Gabriela Rosenwald — Lernwerkstatt Fledermaus — Wissenswertes rund um die nachtaktiven Tiere

ɔriela Rosenwald

ere im Zoo — Heimat & Lebensweise zahlreicher Tiere

alt: Affen (Orang-Utan, Gorilla); Raubtiere (Wolf, Fischotter); Bären aunbär, Eisbär); Großkatzen (Löwe, Tiger); Elefanten; Einhufer (Zebra); arhufer (Nashorn, Flusspferd); Kamele (Dromedar, Lama); Rinder (Bi-, Antilope, Gazelle); Hirsche; Giraffen; Nagetiere; Robben; Delfine; Fi-he; Schildkröten; Krokodile, Schlangen, Vögel u.v.m.

5 6 7 8

80 Seiten | 11 182 | ab 14,99 €

2.-7. Schuljahr Gabriela Rosenwald — Lernwerkstatt Tiere im Zoo — Heimat und Lebensweise zahlreicher Tiere

Gabriela Rosenwald

Die Welt der Dinosaurier

Inhalt: Übersicht der verschiedenen Arten; Namen und Begriffe lesen; Wie die Dinosaurier zu ihrem Namen kamen; Die Erdzeitalter; Die Entdeckung der Dinosaurier; Verschiedene Dinosaurierarten; Brut und Aufzucht des Nachwuchses; Saurischia; Ornithischia; Flug- und Fischsaurier; Das Ende der Dinos; Dinosaurier-Ideenkiste u.v.m.

5 6

80 Seiten | 11 134 | ab 15,99 €

2.-6. Schuljahr Gabriela Rosenwald — Lernwerkstatt Die Welt der Dinosaurier — Die Riesen aus vergangenen Zeiten

Klasse
5
6
7
8
9
10
11-13

Naturwissenschaften

5.-6. Schuljahr Autorenteam Kohl-Verlag

Lernwerkstatt Lebewesen unter dem Mikroskop

Spannende Einblicke in die faszinierende Welt der Kleinstlebewesen

Autorenteam Kohl-Verlag

Lebewesen unter dem Mikroskop

Die faszinierende Welt der Kleinstlebewesen

NEU ab März

Die Natur und ihre Zusammenhänge, insbesondere der Lebensraum Wasser, sind für entdeckendes Lernen ganz besonders geeignet. Und genau hier knüpft dieses Heft an. Nach einer kleinen Einführung zum Aufbau, zur Funktion und zur Bedienung eines Mikroskops geht es dann auch schon direkt ans Mikroskopieren: Welche Unterschiede kann ich zwischen einem Tropfen Leitungswasser und einem Tropfen Teichwasser feststellen? Welche Lebewesen kann ich entdecken? Anhand von einer Bestimmungshilfe können die Lernenden selbst herausfinden, welche Lebewesen sie vor sich haben.

64 S. | 12 691 | ab 14,49 €

5 6

2.-5. Schuljahr Gabriela Rosenwald

Lernwerkstatt Frosch & Kröte

Wir werden kleine Amphibienforscher

Gabriela Rosenwald

Frosch & Kröte

Wir werden kleine Amphibienforscher

Gibt es einen Unterschied zwischen Kröten und Fröschen? Ist das nicht das Gleiche? Hier findet sich viel Interessantes über die Metamorphose vom Laich zum ausgewachsenen Tier.

Inhalt: *Amphibien; Was unterscheidet Frösche und Kröten?: Skelett und Organe; Wie wird das Ei zu Frosch oder Kröte?; Kaulquappen; Gras-, Teich- & Laubfrosch; Erdkröte & Geburtshelferkröte; Spiele und Rätsel rund um Frösche; Bastelideen*

48 Seiten | 11 516 | ab 12,49 €

PDF plus

5

2.-5. Schuljahr Gabriela Rosenwald

Lernwerkstatt Schnecken

Was kriecht denn da?

Von der Nackt- bis zur Weinbergschnecke

Gabriela Rosenwald

Schnecken

Von der Nackt- bis zur Weinbergschnecke

Inhalt: *Nackt- und Gehäuseschnecken; Land- und Wasserschnecken; Ein Schneckenterrarium; Schneckenhaus; So bewegt sich die Schnecke; So vermehren sich Schnecken; Das fressen Schnecken; Verschiedene Schneckenarten; Mein Schneckenbuch; Spiele & Bastelarbeiten*

48 Seiten | 11 515 | ab 12,49 €

5 6

5.-8. Schuljahr Dipl.-Biol. Stefan Lamm

Lernwerkstatt Das Pantoffeltierchen

Lehrreiche Einblicke in grundlegende Vorgänge des Lebens

Dipl.-Biol. Stefan Lamm

Das Pantoffeltierchen

Das Pantoffeltierchen zählt zu den Ciliaten (Wimperntierchen) und ist ein der beliebtesten Urtierchen im Biologie-Unterricht. Paramecium ist leicht züchten und vermittelt dem Beobachter einen lehrreichen Einblick in grundlegenden Vorgänge des Lebens. Hier finden Sie lehrreiches und in ressant strukturiertes Arbeitsmaterial, das den praktischen Unterricht sinnvoll abrundet.

32 Seiten | 12 093 | ab 10,99 €

PDF plus

5.-8. Schuljahr Gabriela Rosenwald

Lernwerkstatt Fische

Wissenswertes rund um die Lebewesen im Wasser

Gabriela Rosenwald

Fische Wissenswertes rund ums Leben im Wasser

Inhalt: *Den Goldfisch und das Fischstäbchen kennt man. Doch wie leb die Fische in ihrem Element, dem Wasser? Wie atmen sie, wie vermehr sie sich? Was sind Raubfische und was Friedfische? Warum hat der Fis Schuppen, was ist der Unterschied zwischen Salzwasser- und Süßwass fisch? Panzer-, Knochen-, Knorpelfisch; Körperformen der Fische; Osmose; Kiemen; Fischzucht ...*

48 Seiten | 11 682 | ab 11,99 €

3.-7. Schuljahr Gabriela Rosenwald

Lernwerkstatt Wale, Delfine, Robben & Co

Die Welt der Meeressäugetiere

Gabriela Rosenwald

Wale, Delfine, Robben & Co

Die Welt der Meeressäugetiere näher unter die Lupe genommen!

Inhalt: *Familien und Arten; Was sind Meeressäuger?; Lebensraum Me Wie entwickelten sich die Meeressäugetiere?: Robben (Familien, Sinnes gane, Walrosse); Seekühe; Wale (Familien, Bartenwale, Zahnwale, Sinn organe der Wale); Andere Raubtiere (Eisbär, Seeotter) u.v.m.*

56 Seiten | 10 918 | ab 12,49 €

PDF plus

3.-6. Schuljahr I. Moser & D. Roleff-Scholz

Lernwerkstatt Kriechtiere und Spinnen

Schlangen, Eidechsen, Schildkröten & Spinnen

Iris Moser & Dorle Roleff-Scholz

Kriechtiere und Spinnen

Schlangen, Eidechsen, Schildkröten & Spinnen

Inhalt: *Kriechtiere (Reptilien); Schlangen (Ringelnatter, Kreuzotter, Schlir natter, Rund um die Schlange); Schildkröten (Sumpfschildkröte); Eidechs (Was sind Eidechsen?, Zaun-, Mauer- & Waldeidechse, Blindschleich Spinnen (Kreuzspinne, Zebraspringspinne, Hauswinkelspinne) u.v.m.*

40 Seiten | 10 655 | ab 11,99 €

Der Mensch

3.-6. Schuljahr Sandra Noa

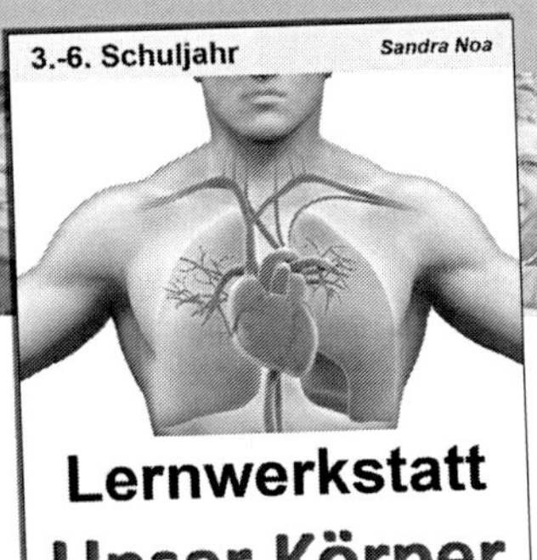

Lernwerkstatt Unser Körper

Wie ist der menschliche Körper aufgebaut?

Sandra Noa

Unser Körper

Inhalt: *Mein Körper ; So bin ich entstanden (Fortpflanzung, Embryo im Mutterleib, Baby, Zellen, Haare); So funktioniert mein Körper (Gehirn, Herz und Blutkreislauf, Lunge und Atmung, Muskeln, Verdauung); Sinne (Sehen, Hören, Schmecken, Riechen, Fühlen); Gesundheit (Immunsystem, Blutkörperchen, Bewegung) u.v.m.*

52 S. | 10 729 | ab 13,49 €

PDF plus

5 6

3.-8. Schuljahr Gabriela Rosenwald

Lernwerkstatt Gesundheit

Gesund leben – und gesund bleiben!

Gabriela Rosenwald

Gesundheit Gesund leben – und gesund bleiben!

Die Kopiervorlagen eignen sich auch sehr gut zum Einsatz in der Freiarbeit oder bei Projekten zum Thema Gesundheit. Ein elementares Thema, das alle angeht!

Inhalt: *Was gehört zur Gesundheit?; Krank sein - was ist das?; Mikroben, Kinderkrankheiten, Allergien; Hygiene und Sauberkeit, Händewaschen, Kopfläuse; Gesundheit rund um die Schule (Schulstress, Prüfungsangst, Mobbing ...); Schlaf; Nahrung; Nahrungspyramide u.v.m.*

64 Seiten | 11 353 | ab 14,49 €

5 6 7 8

3.-6. Schuljahr Birgit Brandenburg

Lernwerkstatt Bionik

Biologie als Vorbild für die Technik

Birgit Brandenburg

Bionik

Biologie als Vorbild für die Technik

Bionik hat sich zu einer etablierten Wissenschaftsdisziplin entwickelt. Doch was bedeutet Bionik? Wie fanden Vorbilder aus der Natur Eingang in die Technik oder Architektur? Bionik hat Zukunft in einer Welt, in der wir uns auf die Einflüsse der Natur besinnen sollten. Die Schüler sollten sich daher früh mit dem Thema auseinandersetzen und selbst bionische Sachverhalte erproben.

64 Seiten | 12 079 | ab 14,49 €

BF PDF plus

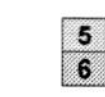

5 6

7.-10. Schuljahr Friedhelm Heitmann

Epidemien & Pandemien ... biologisch & historisch betrachtet

Kleine, unsichtbare Gegner halten die Menschheit seit Generationen auf Trab

Friedhelm Heitmann

Epidemien & Pandemien

... biologisch & historisch betrachtet

NEU ab Jan

Experten sprechen von einer Epidemie, wenn ein Krankheitsausbru nicht lokal begrenzt bleibt und sich über Landesgrenzen ausbreit Wenn Kontinentgrenzen übersprungen werden, dann wird die Epidem zur Pandemie. Während viele „klassischen" Erreger dank der medi nischen Fortschritte mittlerweile an Bedeutung verloren haben, stellen virale Infektionskrankheiten wie die Grippe oder COVID-19 eine fortwährende Bedrohung der Weltbevölkerung dar.

64 Seiten | 12 759 | ab 14,49 €

PDF plus

8.-10. Schuljahr Henning Mertens

Lernwerkstatt Viren, Bakterien & Co

Das Coronavirus SARS-CoV-2 und andere Erreger unter der Lupe

Henning Mertens

Viren, Bakterien & Co

Coronavirus SARS CoV-2 und andere Erreger unter der Lu

Diese Lernwerkstatt vermittelt methodisch vielfältig Grundlagenwiss über Viren, Bakterien und Pilze und beleuchtet abwechslungsrei einzelne schädliche wie nützliche Vertreter genauer. Die wichtigst Erkenntnisse zu Schutzmaßnahmen wie Impfungen und Antibiotika r den die Lernwerkstatt inhaltlich ab. Die Kopiervorlagen sind topaktuel Unterrichtsmaterial im Zusammenhang mit dem aktuellen „Coronavirus", der unsere Welt gerade in Atem hält ...

40 Seiten | 12 418 | ab 12,49 €

PDF plus

7.-11. Schuljahr Dr. rer. nat. Beate Liebig

Lernwerkstatt Genetik und Vererbung

- Zelluläre Grundlagen
- Vom Gen zum Merkmal
- Mendel'sche Regeln

Dr. rer. nat. Beate Liebig

Genetik und Vererbung

Inhalt: *Zelluläre Grundlagen der Vererbung (Vergleich Tier-/Pflanzenzel Aufbau des Zellkerns, Zellteilung, Chromosomen, DNA, Replikation c DNA ...); Vom Gen zum Merkmal (Transkription und Translation, Modifika onen ...); Mendel'sche Regeln; Gentechnik – Fluch oder Segen?*

52 Seiten | 11 096 | ab 13,49 €

PDF plus

8.-11. Schuljahr Dipl.-Biol. Stefan Lamm

Lernwerkstatt Gentechnik

Dem genetischen Fingerabdruck auf der Spur

Dipl.-Biol. Stefan Lamm

Gentechnik Dem genetischen Fingerabdruck auf der Spu

Inhalt: *Der universelle genetische Code; Genetische Scheren als We zeuge; DNA-Wanderung im elektrischen Feld; Gen-Taxis zur Übertragu von Fremd-DNA; Genetischer Fingerabdruck & Gen-Krimi; PCR, die Rev lution in der Gentechnik; Grüne/rote/weiße Gentechnik; Gentherapie u.v.m.*

64 Seiten | 11 270 | ab 14,49 €